Matthias Grauer

**Neue Methodik zur Planung globaler Produktionsverbünde
unter Berücksichtigung der Einflussgrößen Produktdesign,
Prozessgestaltung und Standortentscheidung**

Schriftenreihe des

Instituts für Angewandte Informatik / Automatisierungstechnik

am Karlsruher Institut für Technologie

Band 30

Eine Übersicht über alle bisher in dieser Schriftenreihe erschienenen Bände finden Sie am Ende des Buchs.

Neue Methodik zur Planung globaler Produktionsverbünde unter Berücksichtigung der Einflussgrößen Produktdesign, Prozessgestaltung und Standortentscheidung

von
Matthias Grauer

Dissertation, Universität Karlsruhe (TH)
Fakultät für Maschinenbau
Tag der mündlichen Prüfung: 13. August 2009
Referenten: Prof. Dr.-Ing. Georg Bretthauer, Prof. Dr.-Ing. Gisela Lanza

Impressum

Karlsruher Institut für Technologie (KIT)
KIT Scientific Publishing
Straße am Forum 2
D-76131 Karlsruhe
www.uvka.de

KIT – Universität des Landes Baden-Württemberg und nationales
Forschungszentrum in der Helmholtz-Gemeinschaft

KIT Scientific Publishing 2009
Print on Demand

ISSN: 1614-5267
ISBN: 978-3-86644-433-1

Zusammenfassung

Die Globalisierung zwingt weltweit agierende Unternehmen, die Produktionsstrukturen neu auszurichten. Eine solche Neuausrichtung der Produktionsstrukturen erfordert ein Planungskonzept, das in der vorliegenden Arbeit erarbeitet wird. Die Konfiguration globaler Produktionsverbünde berücksichtigt dabei besonders die drei Einflussgrößen Produktdesign, Prozessgestaltung und Standortentscheidung. Die drei Größen sind die wesentlichen Einflussstärken eines globalen Produktionsverbunds. Umgekehrt bedeutet die Aussage, dass die Konfiguration eines globalen Produktionsverbunds nur unter Berücksichtigung aller drei Einflussgrößen sinnvoll geplant werden kann. Eine isolierte Betrachtung einzelner Einflussgrößen greift zu kurz und ermöglicht nur die Verbesserung eines Teilgebiets, nicht des gesamten Produktionsverbunds.

Über den Erfolg und die Kosten eines Produkts wird bereits in der Entwicklung entschieden. Die Methodik setzt deshalb bereits während der Produktentwicklung an, um frühestmöglich die Anforderungen einer globalen Produktion im Produktdesign zu berücksichtigen. Fertigungsaspekte fließen durch die Anwendung der Methode Design for Manufacture and Assembly (DFMA) ebenfalls frühzeitig in den Produktentstehungsprozess mit ein, um ein fertigungs- und montagegerechtes Produktdesign zu gewährleisten.

Das Produktkonzept wird in verschiedene Module zerlegt, um eine Produktionssegmentierung zu ermöglichen. Die Segmentierung verfolgt das Ziel, Stärken von Standorten gezielt zu nutzen. Die Vorauswahl geeigneter Standorte wird durch eine nicht standortgebundene Prozessauswahl deutlich vereinfacht.

Die Vorauswahl potentieller Standorte bildet die Datenbasis für eine neu entwickelte Java-Anwendung, welche unter Berücksichtigung der Einflussgrößen Produkt, Prozess und Standort globale Produktionsverbundszenarien auf Basis von quantitativen und qualitativen Kriterien konfiguriert. Eine Liste potentieller Szenarien ist das Ergebnis der Methodik. Die Auswahl und Entscheidung, welches Szenario am besten für das betreffende Produkt geeignet ist, wird einem Expertenteam überlassen, um die gewichtige Entscheidung transparent zu gestalten.

Anhand zweier Fallbeispiele wird die Anwendbarkeit der Methodik gezeigt.

Planning of global production associations with special focus on the three variables product design, process design and choice of location

Globalization forces those companies acting on a worldwide scale to realign their production structures. This realignment of production structures requires a planning concept, which the present thesis undertakes to develop. Configuring of global production associations is done with a special focus on the three influencing variables product design, process design and choice of location. These three determinants are the major factors within a global production association. The other way around, this statement also means that the configuration of a global production association cannot be planned reasonably without consideration of all three determinants. An isolated view of the individual factors is inadequate, as it makes for the improvement of merely one partial area, but not the entire production association. The development stage determines both, the success and the costs of a product. The method therefore supports first of all product development, in order to include consideration of the requirements of global production on product design at the earliest possible stage. With application of the DFMA method, aspects of manufacturing become part of the product creation process at an early stage as well, and thus ensure a product design that is ready for manufacturing and assembly.

The completed product concept is broken down into several modules in order to make for production segmentation. The objective of this segmentation is the targeted strengthening of locations. A process selection that is independent of location greatly simplifies the pre-selection of suitable sites.

The pre-selection of potential sites forms the data basis for a newly developed Java application which configures, considering the factors product, process, and location scenarios for global production associations on the basis of quantitative and qualitative criteria. The method yields a list of potential scenarios. The decision as to which scenario is best suited for the product under consideration will be made by a team of experts, giving transparency to such a weighty choice.

Two case studies show the efficiency of the developed method.

Danksagung

Mein besonderer Dank gilt Herrn Prof. Dr.-Ing. habil. Georg Bretthauer von der Universität Karlsruhe. Prof. Bretthauer betreute bereits meine Diplomarbeit, wofür ich mich an dieser Stelle nochmals bedanken möchte. Darüber hinaus ermöglichte er mir eine Industriepromotion, indem er die Betreuung von Seiten der Hochschule übernahm. Für die Betreuung und die zahlreichen Anregungen während dieser Zeit gilt Prof. Bretthauer mein ganz besonderer Dank.

Weiterhin möchte ich mich bei Frau Prof. Dr.-Ing. Gisela Lanza für die Übernahme des Korreferats und das damit verbundene Interesse an der Arbeit bedanken.

Weiterhin möchte ich mich bei der Robert Bosch GmbH für die Finanzierung der Arbeit bedanken. Mein besonderer Dank gilt dabei meinem Betreuer Herrn Christian Luckner, der mich permanent unterstützte und mir immer den Rücken frei gehalten hat bei der nicht immer einfachen Entwicklung des Themas. An zweiter Stelle folgt Herr Dr.-Ing. Ingo Nowitzky, mit dem ich in gemeinsamer Arbeit die Methodik zu einem vernünftigen Abschluss habe bringen können. Für das Korrekturlesen und auch sonstige anregende Informationen bedanke ich mich besonders gerne bei meinem Kollegen André Meyer. Natürlich bedanke ich mich bei allen Kollegen der Abteilung Produktionsgestaltung, die sonst in irgendeiner Weise behilflich waren.

Weiterhin haben entscheidend zur Erstellung dieser Arbeit beigetragen:
Thomas Böckmann, Domink Bretschneider, Karsten Engelhardt und Edgar Hepp.

Abschließend danke ich allen Kollegen, die in irgendeiner Form zum Entstehen dieser Arbeit beigetragen haben.

Dank sagen möchte ich auch meinen Eltern Gottfried und Sibylle Grauer, die mich während der gesamten Zeit in allem unterstützt haben.

Stuttgart im Juli 2009,

Matthias Grauer.

Inhaltsverzeichnis

Abkürzungsverzeichnis

BC(s)	Business Capability (Capabilities)
BMBF	Bundesministerium für Bildung und Forschung
DFMA	Design for Manufacture and Assembly
DS	Diesel Systems (Geschäftsbereich von RB)
GFD	Global Footprint Design
GVP	Globales Variantenproduktionssystem
HEK	Herstellkosten
HKS	Hochkostenstandorte
MAE	Maschinen, Anlagen, Einrichtungen
NKS	Niedrigkostenstandorte
OEM	Original Equipment Manufacturer
OECD	Organisation for Economic Cooperation and Development
ögP	Öffentlich gefördertes Projekt (seitens des BMBF)
PLZ	Produktlebenszyklus
ProMoLeS	Produktionskonzepte und Montageverfahren für Leistungselektronische Systeme
SCM	Supply Chain Management
Sto	Standort oder Standorte

1. Einleitung

Aufgrund wirtschaftlicher und politischer Faktoren kann das heutige Umfeld produzierender Unternehmen als turbulent bezeichnet werden. Gründe für diese Turbulenz werden unter dem Schlagwort Globalisierung zusammengefasst [Eve00, Sch02]. Die Globalisierung birgt gleichermaßen Chance und Risiko: Chancen bieten sich beispielsweise in der Erschließung neuer Märkte, während Risiken die vielen Wettbewerber aus den Niedrigkostenstandorten (NKS) bilden, die die Märkte in den Hochkostenstandorten (HKS) mit oftmals kostengünstigeren Produkten durchsetzen [Sho04]. Deutsche Unternehmen müssen sich folglich mit der Frage auseinandersetzen, ob sie noch wettbewerbsfähig produzieren oder aber nach Möglichkeiten zu suchen haben, die Chancen der Globalisierung zu nutzen. Nach einer Studie der Unternehmensberatung PRTM gelingt es bereits vielen Unternehmen, die Strategie und damit auch die Produktionsstruktur zu „redesignen" [Khu07]. Die Chancen zwingen wegen beispielsweise schnellerer Informationsflüsse und günstigeren Transportmitteln bereits weltweit agierende Unternehmen, deren Produktionsstrukturen neu auszurichten [Bul02]. Eine wirtschaftliche Fertigung ist insbesondere dann gewährleistet, wenn es gelingt, die individuellen Stärken und Schwächen der Standorte geschickt in eine globale Produktionsstrategie zu integrieren [Rei06a]. Die Strategie wird zusätzlich von zwei weiteren Größen bestimmt: Produktdesign und Prozessgestaltung. Nur durch Berücksichtigung aller drei Einflussgrößen wird es möglich, technologisch wenig anspruchsvolle Produktionsschritte an kostengünstige Standorte zu vergeben und Schlüsselprozesse an den etablierten Produktionsstätten zu belassen [Gra07]. Eine Produktionssegmentierung kann nur ohne Zeitdruck vollzogen werden, da sonst eventuell wertvolles Know-how verloren werden kann [Sch09]. Die im Rahmen der Arbeit vorgestellte Methodik unterstützt den Schritt der Segmentierung. Die neuartige Methodik berücksichtigt die drei Einflussgrößen Produktdesign, Prozessgestaltung und Standortentscheidung eines globalen Produktionsverbunds und ermöglicht die Erzeugung von Szenarien mit dem Ziel des bestmöglichen Produktionsverbunds.

1.1   Planung globaler Produktionsverbünde

Um die Planung globaler Produktionsverbünde deutlich zu vereinfachen, wird eine neuartige Methodik benötigt, die die Konfiguration eines Produktionsverbunds ermöglicht und unterstützt. In zahlreichen Arbeitsgesprächen wurden dabei wie im Anhang A.1 dargestellt Fragestellungen und Einflussgrößen der Thematik diskutiert. Aus einer Vielzahl verschiedener Ausrichtungen der jeweiligen Frageninhalte entstanden nach deren Strukturierung drei Teilgebiete, die nachfolgend als Determinanten bezeichnet werden. Die Determinanten eines globalen Produktionsverbunds sind das Produktdesign, die Prozessgestaltung und die Standortentscheidung.

Abbildung 1.1 zeigt die Determinanten und deren Einflüsse.

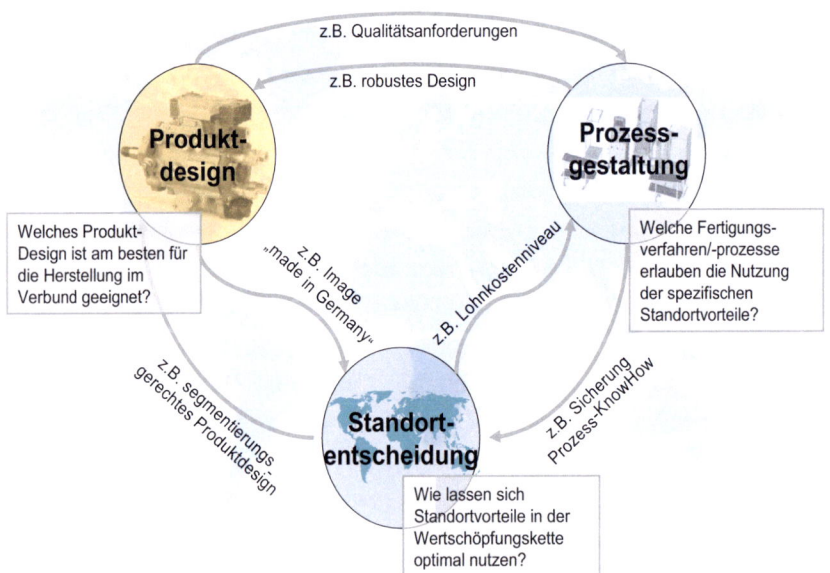

Abb. 1.1: Drei Determinanten der Produktionsverbundplanung [Gra07]

Wie in der Einleitung des Kapitels beschrieben, beeinflussen die drei Größen nicht nur den Produktionsverbund, sondern auch sich gegenseitig. Beispielsweise bestimmt das Produktdesign die Anforderungen an den Produktionsprozess. Viele Produktmerkmale sind nur mit ausgewählten Fertigungstechnologien realisierbar.

Ziel der Entwicklung sollte sein, die Anforderungen an die Fertigung und damit die Herstellkosten so gering wie möglich zu halten. Andererseits haben Restriktionen im Herstellungsprozess Rückwirkungen auf das Produktdesign, die sich beispielsweise in der Forderung nach einem „robusten Design" niederschlagen. Der Entwicklungsansatz Design for Manufacture and Assembly (DFMA) geht ausführlich auf die dargestellte Wechselwirkung ein und ist in Theorie und Praxis gleichermaßen etabliert [Gra07]. Abschnitt 2.4.3.2 beinhaltet eine Methodenbeschreibung der DFMA. Neben den Prozessen kann das Produktdesign auch durch die Standort-entscheidung beeinflusst werden, wie zum Beispiel bei der Fragestellung nach einem segmentierungsgerechten Produktdesign, denn die Produktion in verteilten Standorten erfordert ein Design, das die Segmentierung der Prozesskette ermöglicht.

Die Abhängigkeiten zwischen Prozess und Produkt sind enorm, genauso wie die zwischen Standortentscheidung und Prozessgestaltung. Hierbei sind wirtschaftliche Aspekte und technische Restriktionen gleichermaßen zu beachten. Beispielsweise verbietet die Wirtschaftlichkeit den Aufbau hochautomatisierter Fertigungsprozesse in Niedrigkostenstandorten, weil gerade in den Personalkosten Einsparungen erzielt werden sollen. Andererseits können Qualitätsanforderungen einen hohen Automatisierungsgrad erzwingen. Weiterhin können klimatische Bedingungen oder das Ausbildungsniveau an Auslandsstandorten für oder gegen einen Produktionsprozess sprechen.

Die dritte Wechselwirkung innerhalb eines globalen Produktionsverbunds zwischen Produktdesign und Standortwahl spiegelt sich insbesondere in logistischen Anforderungen, im Know-how-Schutz und der Forderung nach kurzen Qualitätsregelkreisen wider. Das Produkt muss so gestaltet sein, dass nach Abschluss der Arbeiten an einem Produktionsstandort der Transport zum nächsten technisch und wirtschaftlich möglich ist. Andererseits sollte das Produkt einen Fertigungsstand erreicht haben, der einen ausführlichen Test der Funktionen erlaubt. Hier sind insbesondere in der Elektronikindustrie neue Konzepte erforderlich, da heute ein Funktionstest häufig erst nach Abschluss aller Arbeitsschritte möglich ist. Die Produktgestaltung muss weiterhin sicherstellen, dass Fertigungsschritte, die besonderes Know-how des Unternehmens beinhalten, nur an heimischen Standorten durchgeführt werden. Zusätzlich erzwingt die Verteilung der Produktionsschritte auf die am besten geeigneten Standorte ein segmentierungsgerechtes Produktdesign [Gro05].

Die besondere Herausforderung bei der Planung globaler Produktionsverbünde liegt in der Berücksichtigung der geschilderten Wechselwirkungen. Bereits existierende Planungsansätze beschränken sich auf eine isolierte Betrachtung, ohne die Zusammenhänge zwischen den einzelnen Determinanten ausreichend zu würdigen [Gra07]. Als weitere Anforderung an eine Planungsmethodik kommt hinzu, dass Entscheidungen, die den Produktionsverbund betreffen, für ein produzierendes Unternehmen von höchster strategischer Bedeutung sind. Es ist daher zwingend erforderlich, die Entscheidungsfindung stufenweise und transparent zu gestalten. Sowohl das Planungsergebnis als auch die einzelnen Zwischenschritte müssen zu jedem Zeitpunkt nachvollziehbar sein.

Ziel der vorgestellten Methodik ist es, die drei Einflussgrößen bestmöglich aufeinander abzustimmen. Die Methodik liefert einen transparenten Lösungsansatz und ermöglicht die Konfiguration globaler Produktionsverbünde unter Berücksichtigung der Abhängigkeiten zwischen Produktdesign, Prozessgestaltung und Standortentscheidung.

Neben dem Abgleich der drei Einflussgrößen und der bestmöglichen Konfiguration eines globalen Produktionsverbunds setzt sich die Methodik mit der Problematik der Organisation eines Unternehmens im Hinblick auf das durch die weltweiten Produktionsstandorte entstandene Netzwerk auseinander. Wegen der in Großunternehmen zumeist großen Anzahl von Standorten ergeben sich häufig Problemstellungen, die unter anderem als räumliche Distanz oder Kommunikationsbarrieren die Planung innerhalb eines Produktionsverbunds deutlich erschweren. Nach *Corsten* gibt es hierzu zwei Gruppen wissenschaftlicher Arbeiten: Eine, die sich mit der Genese von Netzwerken beschäftigt und die andere, welche das Management von Netzwerken in Betracht zieht. Gegenstand der weiteren Ausführungen bildet der zweite Punkt, also die Frage nach der Steuerung, der Kontrolle von Strukturen sowie den Abläufen und der Koordination innerhalb solcher Netzwerke [Cor01], da das Standortnetzwerk bereits vorhanden ist (vergleiche „Brownfield" - Lösung, Abschnitt 3.1).

Im nächsten Abschnitt wird der heutige Entwicklungsstand kurz angerissen. Dadurch wird die Motivation für die Notwendigkeit der in Kapitel 3 erarbeiteten Methodik deutlich. Der nachfolgende Abschnitt erläutert die Motivation und zeigt die

Möglichkeiten auf, die mit einem gut geplanten Produktionsverbund erzielt werden können.

1.2 Entwicklungsstand

Der Abschnitt stellt in aller Kürze den heutigen Entwicklungsstand dar und zeigt die Potentiale eines noch nicht verbesserten globalen Produktionsverbunds auf. Auf dem Gebiet der strategischen Produktionsplanung existieren bereits diverse Ergebnisse und Methoden aus Forschung und Industrie. Die Lösungsansätze liefern für die Methodik zur Konfiguration globaler Produktionsverbünde gute Basisinformationen, reichen aber nicht aus, den Planungsprozess deutlich zu vereinfachen. Deshalb wird zunächst eine gründliche Recherche und Untersuchung der relevanten Methoden vorgenommen, um die Lösungsfindung durch vorhandene Lösungsansätze zu beschleunigen. Die Forschungsergebnisse werden aufbereitet und fließen wie in Kapitel 2 beschrieben teilweise unmittelbar in die Methodik ein. Die besondere Herausforderung liegt dabei in der Berücksichtigung der Wechselwirkungen zwischen Produktdesign, Prozessgestaltung und Standortentscheidung. Die bereits existierenden Planungsansätze beschränken sich zumeist auf eine isolierte Betrachtung der einzelnen Determinanten, ohne die Zusammenhänge zwischen den Einflussgrößen ausreichend zu würdigen [Gra07]. Alle drei Determinanten beeinflussen aber entscheidend den Produktionsverbund. Der Produktionsverbund wird wiederum durch Einflussgrößen bedingt und durch die Globalisierung zusätzlich beeinflusst, weswegen im Folgenden zunächst auf die Folgen der Globalisierung, also die externen Faktoren und deren Auswirkungen, eingegangen wird. Die drei internen Einflussgrößen Produktdesign, Prozessgestaltung und Standortentscheidung werden in den Kapiteln 2 und 3 unter Zuhilfenahme der bereits bestehenden Lösungsansätze behandelt, da interne im Gegensatz zu den externen Faktoren seitens der Unternehmen steuerbar sind.

Globalisierung ist zurückzuführen auf den englischen Begriff „Globalization" und bezeichnet die Entstehung weltweiter Finanzmärkte für Wertpapiere, Geld- und Devisengeschäfte [Bro89]. Im Zusammenhang mit der Planung globaler Produktionsverbünde wird die Globalisierung allerdings als die weltweite Ausdifferenzierung bei gleichzeitiger Integration wirtschaftlicher Aktivitäten gesehen. Dass die Globalisierung in den letzten Jahrzehnten deutlich zugenommen hat, lässt sich auch am steigenden Interesse der Öffentlichkeit erkennen [Nyh09]. Statistiken wie beispielsweise der „Organisation für wirtschaftliche Zusammenarbeit" (OECD) belegen die zunehmende internationale Verflechtung wirtschaftlicher Aktivitäten [Oec05]. Die Globalisierung ist kein neues Phänomen, hat sich aber grundlegend in Ausmaß und Charakter verändert [Abe06]. Durch die Veränderung der Globalisierung änderten sich auch

- der Aufwand in der Planung,
- die Flexibilität innerhalb der Produktion und
- die Höhe der Wertschöpfungsinhalte an jedem Produktionsstandort.

Abbildung 1.2 verdeutlicht die Aussagen.

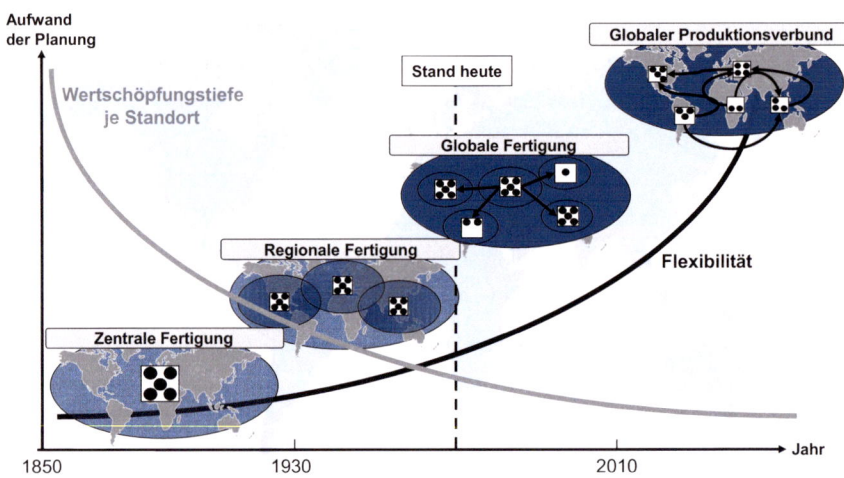

Abb. 1.2: Wandel der Produktionsform im 19. und 20. Jahrhundert [Gra07b]

Kernaussage der Abbildung 1.2 ist das ungeheure Wachstum des Aufwands in der Planung. Der Aufwand lässt sich an einem kleinen Beispiel einfach beschreiben: Die zunehmende Variantenvielfalt bringt nicht nur für die Produktionsprozesse Nachteile mit sich. Auch Aufgabenbereiche der Produktionsplanung wie beispielweise die Kapazitätsplanung bergen einen enormen Aufwand. Dem Aufwand kann ebenfalls nur durch ein Instrument zur Kapazitätsplanung begegnet werden, das der Forderung nach variantenreichen Produktgruppen und Minimierung des

Planungsaufwands gleichermaßen nachkommt [Bau07]. Auch hier wird deutlich, wie wichtig eine durchgängige Strategie ist, um mit dem schnellen Wandel Schritt halten zu können. Der Wandel, wie in Abbildung 1.2 beschrieben, wird nachfolgend kurz erläutert: Von der industriellen Revolution bis zum Anfang des 20. Jahrhunderts produzierte jedes hochentwickelte Land gewissermaßen für sich. Bis in die dreißiger Jahre des 20. Jahrhunderts wurden ausländische Märkte überwiegend aus lokalen Vertriebsstandorten versorgt, die jedoch im Gegensatz zur ursprünglichen Produktionsform nicht nur von landeseigenen Firmen versorgt werden mussten. Produziert wurde nicht im Ausland, sondern in den etablierten heimischen Standorten, vertrieben wurden die Produkte aber auf der ganzen Welt. Das änderte sich nach dem Zweiten Weltkrieg grundsätzlich. Zur Belieferung der Auslandsmärkte wurden bis in die achtziger Jahre viele Produktionsstätten vor Ort errichtet, die weitgehend autark waren und unabhängig vom Heimatstandort produzieren konnten. Insbesondere Großkonzerne weisen teilweise heute noch derartige Produktionsstrukturen auf. In den letzten Jahren geht die Tendenz jedoch dahin, eine weltweite Zusammenarbeit innerhalb internationaler Lieferketten anzustreben und das Geflecht von Standorten immer besser aufeinander abzustimmen [Abe06]. Das wird durch die Einführung von Systemen zur schlanken Produktion gleichermaßen unterstützt und ermöglicht. Weiterhin ist die Entstehung von Produktionsverbünden eine Folge zahlreicher Faktoren, von denen die folgenden als besonders bedeutsam hervorzuheben sind [Ber04]:

- Produktions- und Wachstumsdifferenzen,
- Abbau von staatlichen Handelshürden,
- Sinkenden Transport- und Kommunikationskosten,
- Gestiegene Kompetenzen an Auslandsstandorten.

Die Globalisierung bietet weltweit agierenden Unternehmen insbesondere dann große Vorteile, wenn es gelingt, die individuellen Stärken und Schwächen der Standorte in eine globale Produktionsstrategie zu integrieren [Rei06a]. Jeder Standort sollte im Wertstrom der Produkte genau die Aufgaben übernehmen, für die er am besten geeignet ist, wodurch hohe Kosteneinsparungen möglich sind [Gra07]. Die durch die Globalisierung sich bietenden Chancen bei zum Beispiel einer Standortverlagerung könnten für ein Großunternehmen wie folgt aussehen:

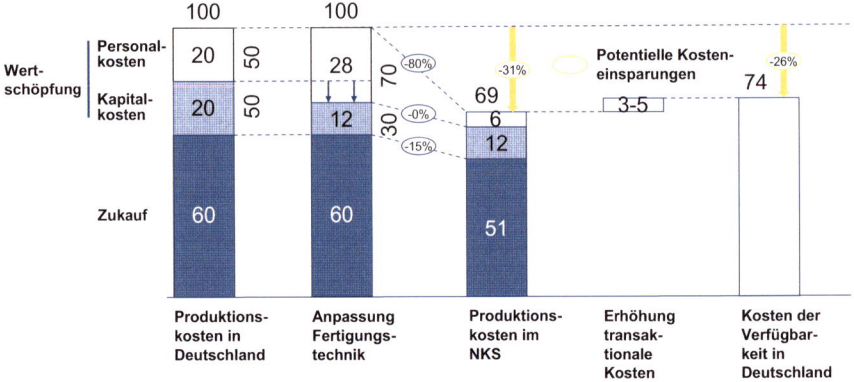

Abb. 1.3: Einsparpotential im Bereich eines Großunternehmens
[Kug06], modifiziert nach [Abe06]

Abbildung 1.3 zeigt das Einsparpotential für einen Standort, aber gleichzeitig die Möglichkeiten zur Kostenreduktion der Produktion im globalen Verbund. Die linke Säule zeigt die Verteilung der Kosten innerhalb eines Geschäftsbereichs in einem Großunternehmen, Stand Juli 2006. Der Zukauf liegt anteilsmäßig bei der Produktion in Deutschland bei 60 Prozent, der Wertschöpfungsanteil teilt sich zu je 20 Prozent in die Kapital- und Personalkosten auf, folglich eine Verteilung von 50:50. Wird die Fertigungstechnik an die neuen Rahmenbedingungen angepasst, sinkt der Anteil der Kapitalkosten an der Wertschöpfung auf zwölf Prozent und der der Personalkosten steigt auf 28 Prozent an. Die Verteilung Kapitalkosten zu Personalkosten ist dann 30:70. Aufgrund der Erhöhung des Personalanteils an der Wertschöpfung können bei Verlagerungen in NKS Einsparpotentiale von bis zu 80 Prozent realisiert werden. Die Kapitalkosten blieben gleich. Da der Zulieferer vor Ort ebenfalls günstiger ist, wird auch der Zukauf um 15 Prozentpunkte sinken. Somit ergibt sich in Summe ein Einsparpotential von 31 Prozent. Wird nun das Produkt in die HKS reimportiert werden, steigen die Kosten nochmals um drei bis fünf Prozent infolge der transaktionalen Kosten. Unter transaktionalen Kosten werden die Aufwendungen verstanden, die zusätzlich bei einer Verlagerung infolge der Segmentierung eines Produktionsanteils entstehen, was insbesondere Zölle, Transportkosten und Transportversicherungen sind [Abe06]. Trotzdem bleiben 26 Prozent als potentielle Kosteneinsparungen bestehen. Die fiktiven Zahlen für einen

Standort machen deutlich, wie groß das Potential in einem Verbund sein kann. Wird die Standortbetrachtung auf einen Verbund übertragen und werden somit die Stärken eines jeden Standorts gezielt genutzt, kann der Ertrag eines globalen Verbunds immens vergrößert werden.

Das enorme Potential in Produktionsverbünden kann nur durch die Nutzung der Möglichkeiten der Globalisierung, die Finanzkraft und den Willen zur Internationalisierung von Unternehmen den gewünschten Ertrag bringen [Sho04]. Den deutlichsten Akzent setzt die amerikanische Unternehmensberatung Booz Allen Hamilton, die in Sachen Kosteneinsparung durch die richtige Nutzung von Produktionsverbünden als Richtwert 40% Einsparpotential prognostiziert [Bha04].

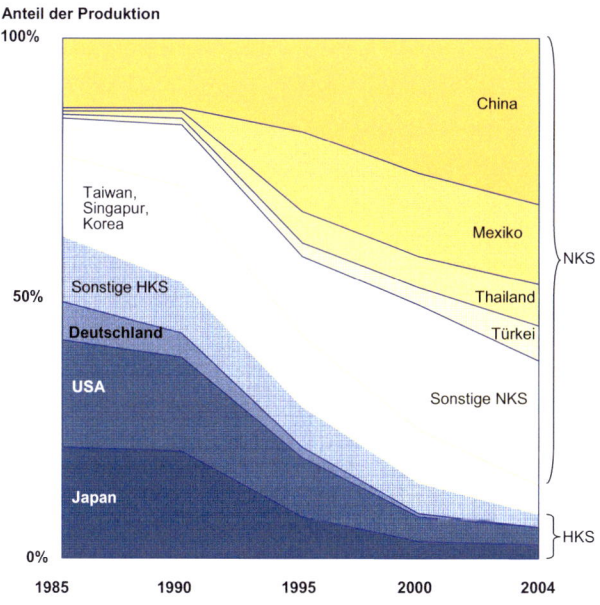

Abb. 1.4: Folgen des Wettbewerbs mit Produkten aus NKS [Abe06]

Auf der anderen Seite stehen Risiken oder Gefahren, die beim Versuch, die prognostizierten Potentiale zu heben, dem Unternehmen Probleme bereiten können. Zum Beispiel wird es durch die günstiger gewordenen Logistikprozesse neuen Anbietern aus Niedriglohnländern möglich, Marktanteile auch in qualitativ hochwertigen und technologisch anspruchsvollen Marktsegmenten zu bekommen.

Nachfolgende Abbildung zeigt den Trend am Beispiel der Entwicklung der Anteile weltweiter Produktionsstandorte von TV-Geräten.

Abbildung 1.4 zeigt auf drastische Art und Weise, wie schnell ganze Produktionszweige einer Volkswirtschaft ausradiert werden können oder soweit einbrechen, dass sich die Hersteller gegen den Wettbewerb nicht mehr behaupten können. Dabei ist besonders auf das Verhältnis der Hersteller hinzuweisen, die entweder an HKS oder NKS produzieren. Durch Lohndumping und dem daraus resultierenden Preisverfall können TV-Geräte des normalen Preissegments nicht mehr wettbewerbsfähig an HKS produziert werden [Abe06]. Weiterhin sind die meisten Abläufe innerhalb eines globalen Produktionsverbunds sehr kompliziert, weswegen häufig trotz bestehender Einsparpotentiale die geplanten Einsparungen nicht erzielt werden können. Im schlimmsten Fall kann es sogar geschehen, dass ein Unternehmen seine Verlagerung rückgängig machen muss, da die Kosten nicht wie erwartet sanken, sondern gar stiegen. Die folgenden Abbildungen zeigen die Ergebnisse einer Studie von McKinsey sowie der Fraunhofer Gesellschaft ISI zum Thema Rückverlagerung bereits transferierter Arbeitsschritte oder Werken:

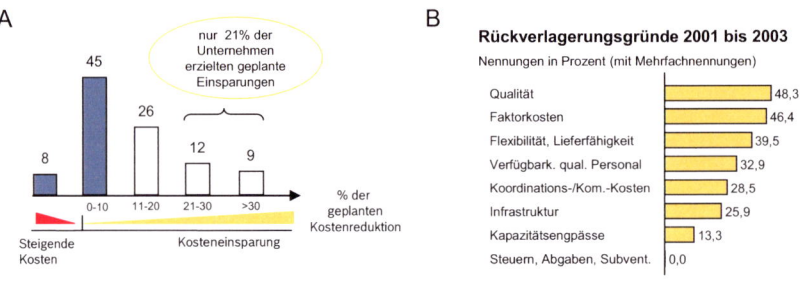

Abb. 1.5: Rückverlagerung (A, Quelle: [Gra07b], in Anlehnung an [McK05]) und
Gründe für die Rückverlagerung (B, Quelle [Gra07b], in Anlehnung an [Kin04])

Schaubild 1.5-A zeigt auf, dass nur 21 Prozent der verlagernden Unternehmen wesentliche (mehr als 21 Prozent) Einsparungen erzielen konnten. Rund ein Viertel sparte nach der Studie zwischen 11-20 Prozent ein, die knappe Hälfte nur Null bis zehn Prozent. Die aussagekräftigste Zahl sind die acht Prozent der Unternehmen, die eine Kostensteigerung durch eine Verlagerung in Niedriglohnländer erfahren haben. Das hat folgenden Grund: Insbesondere Großunternehmen unterliegen dem Einfluss internationaler Finanzmärkte und sind damit die wesentlichen Protagonisten der Globalisierung [Nyh09]. Deshalb wurden Produktionsverlagerungen zumeist nur aus Kostengründen – insbesondere wegen günstiger Lohnkosten – durchgeführt [Kin04]. Die „internationale Arbeitsteilung" war zumeist in der mit hohen Lohnkosten verbundenen Montage vollzogen worden, da sie einfach verlagert werden konnte und dazu die Produkte gleich vor Ort waren. Die Entstehung eines Weltmarkts für Arbeitskräfte und Produkte war die Folge [Enq02]. Es wird ersichtlich, dass das eine sehr einseitige Abschätzung gewesen ist. Wesentliche Punkte wie Transport- oder Zollkosten, ganz abgesehen von eventuellem Know-how Verlust, wurden vernachlässigt und begründen die überraschende, aber völlig richtige Aussage von Abbildung 1.5-A.

Schaubild 1.5-B beinhaltet Gründe, weswegen Unternehmen die Verlagerungs-prozesse rückgängig gemacht haben. An erster Stelle stehen hier fast gleichauf die Qualität und Faktorkosten, dicht gefolgt von der Flexibilität und der Lieferfähigkeit. Die Verfügbarkeit qualitativen Personals liegt bei 33 Prozent. Im letzten Viertel befinden sich Koordinations- und Kommunikationskosten, Infrastruktur, Kapazitätsengpässe und an letzter Stelle stehen Gründe wie Steuern, Abgaben und Gebühren. Umgekehrt bedeutet das, dass die Unternehmen im Vorfeld keine genügende Planung vorgenommen haben. Denn Qualität, Faktorkosten, Flexibilität und Lieferzeiten sind Gründe, die nicht verkannt werden können, wenn zuvor eine Strategie zur Produktionsverlagerung erarbeitet wurde. Die Gründe sind die Folge einer kurzfristigen Verlagerungsaktion [Sch09]. Nur durch die Planung der gesamten Wertschöpfungskette kann eine langfristige und nachhaltige Wettbewerbsfähigkeit erzielt werden [Sch08]. Aber neben den Gründen, warum die Verlagerung gescheitert ist, gibt es noch einen weiteren Punkt, der nicht zu vernachlässigen ist. Beispielsweise ist ein Land wie China nicht nur Produktionsstandort, sondern auch ein Land mit enormem Marktpotential, vor allem von Niedrigpreisprodukten [Glo08]. Auch das mögliche Marktpotential muss Bestandteil der strategischen Ausrichtung eines Unternehmens sein [Kue08]. Folglich müssen alle Unternehmensbereiche miteinbezogen werden, eine isolierte Betrachtung von Bereichen oder gar nur unter Beachtung von Lohnkosten dürfen derartige Entscheidungen in keinem Fall getroffen werden [Ber04].

Die Globalisierung bietet produzierenden Unternehmen enormes Einsparpotential, gleichzeitig ist das Potential aber mit einem hohen Risiko verbunden. Die Chancen und Risiken zeigen, dass es ohne eine systematische Planung über die gesamte globale Wertschöpfungskette nicht möglich ist, sämtliche durch den Produktionsverbund erreichbaren Einsparpotentiale bei gleichzeitigem Ausschluss der Risiken zu entwickeln [Sch08]. Die in Schaubild 1.5-B genannten Gründe für eine Rückverlagerung hätten bei einer gründlichen Planung erkannt werden können. Folglich gewährleistet nur eine systematische Planung über der gesamten globalen Wertschöpfungskette den Erfolg des Produktionsverbundes. Das nachfolgende Kapitel wird die Struktur der Konfiguration globaler Produktionsverbünde vorstellen. Danach erfolgt die Gliederung in Arbeitspakete, die zur Zielerreichung sukzessive abgearbeitet werden müssen.

1.3 Ziele und Aufgaben

Das Ziel der Arbeit besteht darin, eine Methodik zur bestmöglichen Planung globaler Produktionsverbünde unter Berücksichtigung der Abhängigkeiten zwischen Produktdesign, Prozessgestaltung und Standortentscheidung zu entwickeln. Die Antworten auf die nachfolgenden Fragestellungen sind mit der Lösung der an die Thematik gestellten Aufgaben gleichzusetzen:

- Welcher Standort des Produktionsverbunds ist am besten geeignet für bestimmte Aktivitäten entlang der Wertschöpfungskette eines Produktes?
- Welche Aktivitäten der Wertschöpfungskette sollten an einem Standort gebündelt werden?
- Wie muss das Produktdesign verändert werden, um die Fertigung im Verbund zu ermöglichen oder zu erleichtern und das Know-how zu sichern?
- Wie muss das Produkt gestaltet sein, um Fertigungs- und Montagegerechtheit zu gewährleisten?
- Wie können globale Produktionsverbünde generiert werden und dabei alle drei Determinanten gleichermaßen berücksichtigt werden?
- Welche Voraussetzungen müssen an den Standorten geschaffen werden, um die Fertigung eines Produktes zu ermöglichen oder zu erleichtern?
- Welche Prozesstechnologien sind an welchem Standort verfügbar?
- Welche Eigenschaften müssen neue Standorte mit sich bringen?

Dazu müssen die folgenden Teilziele bearbeitet werden:

Teilziel 1 ist die Untersuchung des Forschungsumfelds. Kapitel 2 untersucht gemäß dem Ziel die Einrichtungen, die sich bereits während der Entstehung der Methodik mit dem Thema befasst haben. Die analysierten Themen und Methoden werden gemäß deren Relevanz für die bestmögliche Planung globaler Produktionsverbünde unter Berücksichtigung der Abhängigkeiten zwischen Produktdesign, Prozessgestaltung und Standortentscheidung untersucht und bewertet. Die Einordnung in ein Schema (Abschnitt 2.5) gibt einen Überblick bezüglich der Relevanz der Methoden für die Arbeit. Besondere Beachtung wird in Kapitel 2 der DFMA geschenkt, da die Methode die Schnittstelle zwischen Produkt und Prozess bildet. Die Anforderungen beziehungsweise die daraus abgeleiteten Maßnahmen werden als Eingangsgrößen für die Methodik in Kapitel 3 verwendet.

Teilziel 2 ist die Entwicklung der Methodik gemäß Zielstellung. Das zur Umsetzung des Teilziels notwendige Kapitel 3 ist in vier Teilbereiche aufgeteilt. In Abschnitt 3.1 werden die Rahmenbedingungen und Eingangsgrößen der Methode festgelegt. Mit Abschnitt 3.2 folgt die Untersuchung der ersten Schnittstelle, zwischen Produkt und Standort. In Abschnitt 3.3 werden die Abhängigkeiten zwischen den Prozessen und den Standorten untersucht. Kapitel 3 schließt mit der quantitativen und qualitativen Standortbewertung und der Bildung globaler Produktionsverbundszenarien.

Teilziel 3 ist die Validierung der Methodik anhand von Praxisbeispielen. Die Fallbeispiele sind in Kapitel 4 beschrieben. Das erste Beispiel wurde für einen bestehenden Produktionsverbund am Beispiel eines Autoradios durchgeführt und zeigt, dass die Methodik den Ist-Zustand verbessern kann. Zusätzlich wird die Methodik im zweiten Beispiel entwicklungsbegleitend eingesetzt. Dadurch werden auch Rückkopplungen auf das Produktdesign und eine Änderung dessen möglich.

Im fünften Kapitel werden eine Zusammenfassung der Arbeit und ein Ausblick über die notwendige Weiterentwicklung der Methode gegeben. Der große Erfolg einer vollständigen und systematischen Planung eines globalen Produktionsverbunds wird anhand eines Schemas herausgearbeitet. Die nächsten Schritte zur Weiterentwicklung sind auch Teil des Kapitels, wodurch die nächste Arbeit auf dem Themenfeld sehr leicht anknüpfen kann.

2. Existierende Lösungsansätze zur Planung globaler Produktionsverbünde

Zunächst werden in Kapitel 2 Begrifflichkeiten erklärt und teilweise neu definiert, die Gegenstand der Arbeit sind. An zweiter Stelle folgt die Vorstellung diverser Strategien, die bereits schon existieren und zum Ziel haben, die durch die Globalisierung gegebenen Möglichkeiten richtig zu nutzen. Nach der Zusammenstellung der existierenden Strategien wird herausgearbeitet, welche der vorhandenen die richtige Strategie für ein Großunternehmen ist. Das ist das erste Ziel des Kapitels.

Zweites großes Ziel des Kapitels ist das Exzerpieren von für das Themengebiet der Methodik relevanten Entwicklungsständen. Hierzu werden die Lösungsansätze, die während der Entstehung der Methodik bereits vorhanden waren, gründlich untersucht. Die Untersuchung ist immer gleich aufgebaut: Zunächst wird der Lösungsansatz oder die Methodik des jeweiligen Autors in einem schematischen Ablauf dargestellt. Dadurch werden der Aufbau und die Funktionsweise der Ansätze ersichtlich. Anschließend werden die Schritte der Methoden genau erklärt und das Ergebnis der Methode dargestellt. Am Ende eines jeden Abschnitts, der eine Methode untersucht, ist ein Fazit zu finden, das die Methode im Hinblick auf die in Kapitel 3 beschriebene Methodik bewertet. Die Bewertung gibt Aufschluss darüber, welche der drei Einflussgrößen die Methode beeinflussen kann und welche nicht. Das ist ausführlich in Abschnitt 2.4 beschrieben. Die Schwierigkeit der Zusammenfassung und Bewertung der Methoden besteht darin, die zumeist sehr aufwendigen Lösungsansätze auf wenigen Seiten zusammenzufassen. Deshalb kann passieren, dass der ein oder andere Aspekt fehlt, was aber nicht verhindert werden kann.

Abschließend werden alle Methoden in einem Relevanzschema für den Hintergrund der bestmöglichen Planung globaler Produktionsverbünde geordnet und dadurch vergleichend bewertet. Die Einordnung macht die Motivation der Bearbeitung des Themengebiets deutlich. Abschließend werden die wesentlichen Punkte aus Kapitel 2 zusammengefasst.

2.1 Begriffsdefinitionen

Um die in der Arbeit verwendete Nomenklatur klarzustellen, werden nachfolgend einige Begriffe aufgeführt. Um eine missbräuchliche Verwendung zu vermeiden, werden die relevanten Begriffe kurz aufgeführt, erläutert oder gegebenenfalls neu definiert.

Bevor mit der Erläuterung der Fachtermini begonnen wird, muss das facettenreiche Wort „Produktion" genau definiert werden:

Synonym zu Produktion werden häufig Erzeugung, Fertigung oder Herstellung verwendet. Nach *Hahn* und *Laßmann* ist die Produktion der von Menschen gelenkte Entstehungsprozess von Produkten [Hah99]. Durch den Einsatz von Arbeitskräften, technischen Anlagen, Material, Energie, Dienstleistungen - den so genannten Produktionsfaktoren – und Informationen wird unter Beachtung technologischer Bedingungen und Verfahrensregeln der Produktentstehungsprozess bewirkt [Gab88]. Im allgemeinen Gebrauch steht Fertigung hingegen als Synonym für Produktion. Vor dem ingenieurwissenschaftlichen Hintergrund bezeichnet die Fertigung aber auch heute noch die zusammenbauenden und Material bearbeitenden Schritte und bildet damit nur einen Teil der Produktion [Gab88].

2.1.1 Produktionsnetzwerk

Der Begriff Netz ist per Definition ein räumlich verteiltes Verbindungssystem zum Austausch von Informationen zwischen Kommunikationspartnern [Gab88]. Organisationen bilden interdisziplinäre Beziehungen in einem globalen Produktionsverbund, so dass ein Geflecht von Beziehungen entsteht, welches wiederum als Netzwerk bezeichnet wird und dem alltäglichen Phänomen des Netzwerkgedankens gleichkommt [Sch94a]. Ein Produktionsnetzwerk ist folglich ein zusammenhängendes, aber nicht zwingend miteinander arbeitendes Konsortium von Standorten eines Unternehmens.

2.1.2 Produktionsverbund

Wie in der Einleitung des Abschnitts 2.1 beschrieben ist die Fertigung ein Teil der Produktion, ein Fertigungsverbund folglich einem Produktionsverbund untergeordnet.

Verbund kommt vom Verbum „sich verbünden", was koalieren, sich verbinden, sich vereinigen bedeutet [Dud85]. Im Gegensatz zu einem Produktionsnetzwerk, worunter nach *Meyer* die durch die Lieferbeziehungen verbundenen Teile eines oder mehrerer Unternehmen verstanden werden [Mey05], bildet ein Produktionsverbund somit ein Bündnis von Produktionsstätten, die gemeinsam Komponenten für ein gemeinsames Endprodukt herstellen. Dabei können die Standorte auch zu anderen Unternehmen, beispielsweise Zulieferern gehören.

2.1.3 Produktmodularisierung

Die Produktmodularisierung ermöglicht, ein Produkt in einzelne Module zu separieren, also gemäß verschiedener Wertschöpfungsschritte zu untergliedern. Die einzelnen Glieder, Bestandteile oder Segmente eines Produkts bedürfen einer optimalen Gestaltung hinsichtlich der Möglichkeit, die Herstellung eines solchen Moduls innerhalb eines Produktionsverbunds zu ermöglichen. Synonym zu Produktmodularisierung könnte auch Produktsegmentierung verwendet werden, jedoch wurde hierauf verzichtet, um Produktionssegmentierung und Produktmodularisierung deutlich voneinander unterscheiden zu können.

2.1.4 Produktionssegmentierung:

Unter Segmentierung wird die horizontale Zerlegung eines Handlungskomplexes verstanden. Durch die Segmentierung wird der Inhalt der Kompetenz organisatorischer Einheiten festgelegt [Gab88], damit jedem Teil innerhalb des Unternehmens bekannt ist, worin die Verantwortung aber auch das Alleinstellungsmerkmal des Segments liegt. Produktionssegmente sind folglich Teile einer Struktur, die in einem hierarchischen Zusammenhang zueinander stehen. Die Produktionssegmentierung sieht also eine Zerlegung der Produktion auf verschiedene Standorte vor. Durch das Schaffen derartiger autonomer Einheiten geht auf der einen Seite eine Dezentralisierung der Verantwortung für Entscheidungen, auf der anderen Seite eine physische Ressourcentrennung und somit eine Kapazitätsentflechtung einher. Ziele einer Fertigungs- bzw. Produktionssegmentierung sind:

- Verkürzung der Durchlaufzeit,
- Reduzierung der Bestände,
- Qualitätsverbesserung und
- Produktivitätssteigerung,

wobei die Ziele je nach Wettbewerbsstrategie unterschiedlich gewichtet werden können [Cor94, Wil94b].

2.1.5 Standortentscheidung

Der Begriff Standortentscheidung beschreibt eine Methode zur Auswahl eines geeigneten Standortes für einen bestimmten Produktionszweig. Die Wahl kann aufgrund vorgenommener Bewertungen, der Bildung von Kernkompetenzen und des Vorhandenseins einer geeigneten Sicherung des Produkt- und/oder Prozess- Know-hows beeinflusst werden. Wichtig ist, dass Standortentscheidung nicht synonym zu Verlagerung gebraucht wird. Bei der Standortentscheidung kommen primär bereits existierende Standorte in Betracht, um die bestehende Infrastruktur wie beispielsweise Lieferantennetzwerke nutzen zu können. Der Geschäftsführer der Robert Bosch GmbH *Fehrenbach* unterstreicht die Bedeutung der Standortentscheidung mit folgender Aussage: „Die Kombination aus viel Know-how in den traditionellen Bosch-Werken und Standorten in kostengünstigen Ländern sichert unsere weltweite Wettbewerbsfähigkeit" [Goe05].

2.1.6 Produktgestaltung

Als Synonym werden häufig auch Produktdesign oder Instrument zur Produktdifferenzierung verwendet. Unterschieden werden drei Arten der Produktdifferenzierung, nämlich als Abgrenzungsprodukte gegenüber Konkurrenten, Änderungen in Größe und Farbe oder als modische Anpassung des höheren Absatzes willen [Gab88]. Derartige Derivate sollten vom Stammprodukt nicht allzu sehr abweichen, um die Komplexität des Produktprogramms möglichst gering zu halten. Da die Anforderungen schon in der Produktplanung berücksichtigt werden müssen, ist eine Anpassung der Entwicklung an spätere Zwänge durch die Derivate unumgänglich. Die Produktgestaltung legt demzufolge die Erscheinungsform eines

Erzeugnisses in Qualität, Form und Verpackung fest. Ziele sind die systematische Veränderung der Produktqualität durch bedarfs-, verfahrens- oder materialbedingte Derivate sowie die Kreation und Realisation ganz neuer Sachgüter und Dienstleistungen im Sinne einer Innovation [Gab88].

Auswirkungen der Produktgestaltung treten in zweierlei Form auf, einmal als Ergebnisse der Produktgestaltung selbst und zum anderen als die der Gestaltungsprozesse. Auf der Ergebnisebene wird die Funktionsgestaltung, also die potentielle Wirkung des Produkts und somit das Potential zur Befriedigung der Bedürfnisse (beispielsweise der Marktanforderungen [Koe92]) festgelegt. Bei der Substanzgestaltung werden auf der anderen Seite in hohem Maße die Materialkosten und teilweise auch die Fertigungskosten festgelegt, so dass die Ergebnisse der Produktgestaltung in deren Gesamtheit die Basis für die Wettbewerbsfähigkeit von Unternehmen darstellen. Derartige Ergebnisse sind die zentralen Erfolgspotentiale [Sch94b]. Der hohe Einfluss des Produktdesigns auf die Kosten und den globalen Produktionsverbund ist der Grund, warum die Methodik für die Produktentwicklung konzipiert wurde. Da häufig die Strategie maßgeblich für die Produktionsform ist, muss ein Strategiekonzept gefunden werden, das beide Aspekte miteinander vereinigt. Abschnitt 2.2 stellt deshalb Strategien zur Internationalisierung von Unternehmen vor, um die richtige Strategie für ein Großunternehmen unter der Vielzahl herauszusuchen.

2.2 Globalisierung und Internationalisierung

Der Abschnitt Globalisierung und Internationalisierung hat zum Ziel, die Risiken globaler Produktion aufzuzeigen und Möglichkeiten zu bieten, die Chancen zu nutzen. Dazu werden zunächst die externen und internen Treiber aufgeführt, die auf Unternehmen einwirken. Nach der Begriffsbestimmung von Globalisierung und Internationalisierung erfolgt eine Aufzählung verschiedener Internationalisierungs-strategien. Eine Bewertung, welche Internationalisierungsstrategie am besten zu Großunternehmen passt, schließt das Kapitel ab. Die ermittelten Anforderungen der Strategie bilden gleichzeitig die Anforderungen an den globalen Produktionsverbund und damit an die drei Determinanten.

Als Globalisierung wird die wirtschaftliche Verflechtung der Wirtschaftssubjekte bezeichnet, die alle Länder der Erde umfasst [Ste96]. Die Unternehmen verfolgen folglich die Strategie, in nahezu allen Ländern der Erde wirtschaftlich tätig zu werden [Gro05]. Nach *Backhaus* zählen zur Globalisierung aber mehr als nur die Wirtschaftssubjekte, es kommen nämlich die vier Bereiche Ökonomie, Kultur, Recht und Politik hinzu [Bac03].

Internationalisierung betreibt ein Unternehmen, sobald es damit beginnt, sich auf ausländischen Märkten zu engagieren [Gut00]. Derartige Auslandsgeschäfte können dabei durch den Export von Produkten, Technologien, Know-how-Transfer oder Direktinvestitionen vorgenommen werden [Weu02]. Es wird klar, dass die Internationalisierung die Ausbreitung eines Unternehmens, die Globalisierung hingegen die eines gesamten Marktes betrifft [Eve00].

Die Unterscheidung der beiden Begriffe liegt in der Betrachtung des Unternehmensumfelds: Das Umfeld wird aus dem Weltmarkt durch die Globalisierung beeinflusst, unternehmensseitig von der Internationalisierung. Die Strömungen können nach *Bamberger* und *Wrona* in vier grundlegende Treiber der Globalisierung beziehungsweise Internationalisierung unterschieden werden [Bam96]. Abbildung 2.1 zeigt die Treiber zur Internationalisierung.

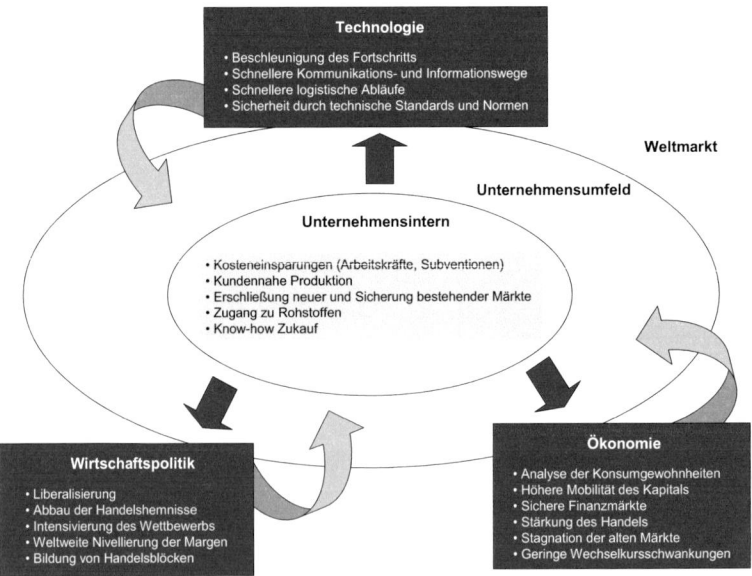

Abb. 2.1: Globalisierung und Internationalisierung modifiziert nach [Gro05]

Die aufgeführten Treiber werden aufgeteilt in die der Globalisierung (dunkelgrau) und die der Internationalisierung (hellgrau). Technologie, Wirtschaftspolitik und Ökonomie sind Überbegriffe für Treiber aus dem Weltmarkt und nehmen direkten Einfluss auf das Unternehmensumfeld. Unter Technologie werden die Treiber zusammengefasst, die für beispielsweise bessere Logistik oder Kommunikationsmöglichkeiten verantwortlich sind. Die Wirtschaftspolitik enthält Punkte wie internationale Handelsabkommen oder eine Intensivierung des Wettbewerbs. Der Ökonomie sind eine höhere Mobilität des Kapitals oder Stärkung des Handels zuzuordnen.

Externe Treiber sind von Unternehmen nicht zu beeinflussen, sondern ihnen muss durch Maßnahmen zur Internationalisierung begegnet werden. Internationalisierung ist der Sammelbegriff aller unternehmensinternen Treiber. Deshalb sind unternehmensinterne Treiber (hellgrau) mit den Zielen globaler Produktion gleichzusetzen. Um die Ziele globaler Produktion erreichen zu können, müssen sie erst einmal definiert werden. Der nachfolgende Abschnitt zählt die Ziele auf und erläutert, warum sie entscheidend sind für eine erfolgreiche Internationalisierung eines Unternehmens.

Der Kunde fordert kürzere Lieferzeiten, mehr Flexibilität, höhere Produktivität sowie eine größere Variantenvielfalt bei gleichbleibender oder besserer Qualität - und das zu einem niedrigen Preis [Hai06]. Deshalb müssen weltweit agierende Unternehmen die Produktionsstrukturen neu ausrichten [Gra07]. Für den Auf- oder Umbau zusätzlicher Produktionskapazitäten im Ausland gibt es verschiedene Motive. Eine Auswahl an Motiven zeigt Abbildung 2.2.

Nach *Große-Heitmeyer* (Abbildung 2.1) und *Kinkel* (Abbildung 2.2) sind die vier entscheidenden Motive für ein Engagement einer Auslandsproduktion Kostenreduktion, Marktschließung, Nähe zu Großkunden und die Erschließung von Ressourcen beziehungsweise Know-how [Kin04]. Die nachfolgenden Abschnitte umfassen die Kernziele der globalen Produktion. Es wird deutlich, dass nicht immer die Senkung der Kosten der Grund für eine Verlagerung eines Produktionsschritts ins Ausland ist.

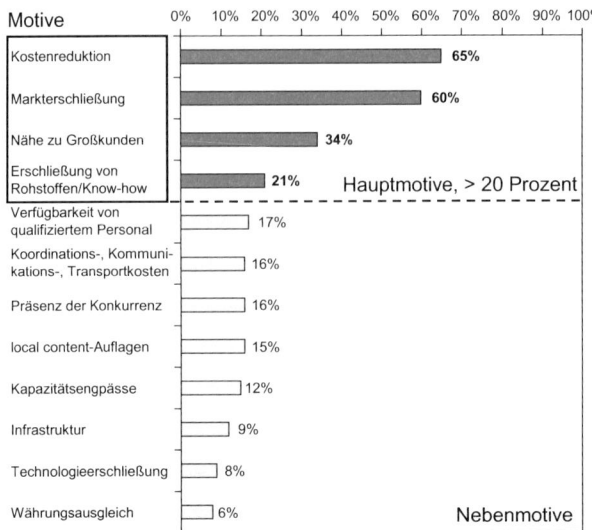

Abb. 2.2: Motive für den Auf- oder Umbau von Auslandsstandorten modifiziert nach [Kin04]

2.2.1 Kostenreduktion (Arbeitskräfte, Steuersätze, Subventionen)

Um Herstellkostenvorteile zu erzielen, bauen viele Unternehmen Produktionsstätten entweder auf oder bereits Bestehende um [Abe06]. Aufgrund unterschiedlicher Entwicklungsstände der Länder kommt es zu Unterschieden in den Faktorkosten der Produktion [Rei06b]. Folglich muss die Produktion derart aufgeteilt werden, dass die individuellen Stärken und Schwächen der Standorte in eine globale Produktionsstrategie integriert werden können [Gra07]. Dazu muss eine internationale Arbeitsteilung zur Nutzung von Lohnkostenvorteilen und kostengünstigeren Produktionsfaktoren vorgenommen werden, um lohnkosten-intensive Fertigungs- und Montageschritte in NKS verlagern und Standorte wie Osteuropa als verlängerte Werkbank nutzen zu können [Lay01][Rol04]. Derartige Kostensenkungen sind jedoch standortgebunden, sie berücksichtigen nicht die Kostensteigerung im Produktionsverbund durch beispielsweise Logistikkosten. Nur durch die Reduzierung der Total Landed Costs, das ist nach *Abele* die Summe aus Herstell- und Transaktionskosten [Abe06], können laut einer Studie der Unternehmensberatung *Booz Allen Hamilton* 40 Prozent der Kosten eingespart werden [Sho04].

2.2.2 Erschließung neuer beziehungsweise Sicherung bestehender Märkte

Volkswirtschaftlich sind Wachstum und Umsatzsteigerungen im europäischen Wirtschaftsraum nur noch sehr bedingt möglich [Rol04]. Wegen der Stagnation wird die Erschließung globaler Märkte und Geschäftsfelder zu einem wichtigen Bestandteil der Internationalisierungsstrategien europäischer Unternehmen. Häufig ermöglicht erst die Produktion im Zielland die Erschließung neuer Märkte, da die Produkte ansonsten den Erfordernissen vor Ort nicht gerecht werden. Außerdem sind die Produkte bedingt durch die transaktionalen Kosten zu teuer und haben kein ausreichend flexibles Produktdesign, um den jeweiligen Anforderungen der Zielregion angepasst werden zu können [Abe06]. Zusätzlich können durch Markterschließungen oder Sicherung bestehender Märkte Handelsbarrieren umgangen, regionale Anforderungen an das Produkt durch direkte Kundenkontakte erlangt sowie eine Differenzierung gegenüber dem Wettbewerber durch kundennahe Produktion und Service vor Ort erzielt werden. Weitere Vorteile sind kundenspezifische Problemlösungen, Verringerung der „Time to market" bis hin zum Vertrauensgewinn des Kunden und damit der Verbesserung des Unternehmensimages [Sim00, Wil94a]. Letztlich können verborgene nationale Wettbewerbsvorteile entdeckt und zur Sicherung und zum Ausbau der unternehmensinternen Stärken genutzt werden [Kon99].

2.2.3 Kundennahe Produktion

In einigen Branchen wie beispielsweise der Automobilindustrie richten sich die Zulieferunternehmen derart stark an den Bedürfnissen des Kunden aus, dass ein Großteil der Aktivitäten tatsächlich vom Kunden mitbestimmt wird. Der Kunde nimmt nicht nur Einfluss auf die Produkte, sondern auch auf die Standorte, an denen die Produkte produziert werden sollen. Er fordert die unmittelbare Nähe des Zulieferers, um durch die lokale Präsenz ein umfassendes Serviceangebot nutzen zu können. Globale Aufträge der Automobilhersteller sind äußerst lukrativ für die Zulieferfirmen, jedoch müssen sie in der Folge auch lokal präsent sein. Die passende Strategie seitens der Zulieferer wird als „Following Customer" bezeichnet. Sie ist in manchen Branchen nicht mehr wegzudenken, da kundennahe Produktion zwingend erforderlich für moderne Fertigungskonzepte wie Just-in-time oder Kanban ist [Gas95].

2.2.4 Zugang zu Rohstoffen und Know-how Zukauf

Der Zugang zu Rohstoffen bildet nicht mehr den Mittelpunkt einer Internationalisierungsstrategie. Die sehr verbreitete globale Beschaffung, das sogenannte „Global Sourcing", drängt die Strategie des Rohstoffzugangs in den Hintergrund. Nach *Wildemann* folgen Unternehmen der aktuellen Bestrebung, die Innovationsfähigkeit - durch beispielsweise den Zugang zu neuen Märkten - signifikant zu erhöhen [Wil94a]. Die ausreichende Grundversorgung an Produkten verstärkt auf der Nachfrageseite den Trend zur Individualisierung, auf der Produktionsseite müssen Hersteller sämtliche Produktideen in Betracht ziehen, um wettbewerbsfähig zu bleiben. Dadurch die Produktlebenszyklen gewaltig verkürzt werden, um die neuen Produkte etablieren zu können, was für eine enorme Turbulenz am Markt sorgt [Lan06]. Um aufwendige Entwicklungszyklen zu umgehen, ist es für Unternehmen häufig geschickter, das fehlende Wissen durch Zukauf oder Joint-Ventures zu erlangen. Die Treiber Technologie, Innovation und Flexibilität werden so leicht nutzbar.

Um die Ziele erreichen zu können, müssen Unternehmen die Produktionsstrukturen neu ausrichten, beispielsweise mit Hilfe von Internationalisierungsstrategien. Derartige Strategien basieren auf den durch die Globalisierung gegebenen Chancen. Beispiele für solche Strategien werden in Abschnitt 2.3 aufgeführt.

2.3 Strategien zur Internationalisierung

Wie in der Einleitung von Kapitel 2 beschrieben, ist es Ziel des Abschnitts 2.3, die richtige Strategie für ein Großunternehmen zu finden. Die Strategie soll dabei die Möglichkeiten der Globalisierung nutzen und gleichzeitig zu den langfristigen Zielen des Unternehmens passen. Denn der Aufbau und die Funktionsweise eines globalen Produktionsverbunds setzen ein funktionierendes Unternehmen voraus.

Zur besseren Strukturierung der unternehmensinternen Treiber ist eine Strategie zur Internationalisierung erforderlich. Nach *Perlitz* wird unter Internationalisierungs-strategie eine grundsätzliche und länderübergreifende Handlungskonzeption verstanden [Per95]. Die Strategie wird ergänzt um die aus Technologie, Wirtschafts-politik und Ökonomie (Globalisierungstreiber, Abbildung 2.1) abgeleiteten und für ein funktionierendes Unternehmensnetzwerk notwendigen Prämissen. Eine International-lisierungsstrategie ist folglich die einzige Möglichkeit, den Problemen bei der Erschließung neuer Standorte im kostengünstigen Ausland in der Planung begegnen zu können. Durch die konsequente Umsetzung der Strategie können mehr als die im Abschnitt 1.2 aufgeführten 20 Prozent der Verlagerungen gut verlaufen, also mit einer Kosteneinsparung von mehr als 21 Prozent (Abbildung 1.4-A) [McK05]. Standortentscheidungen, die nicht in die bestehende Unternehmensstrategie passen, können schnell zu hohen Verlusten führen. Standortentscheidungen setzen die Beherrschung der globalen Lieferkette durch die Original Equipment Manufacturer (OEM) und die Sicherstellung der Produkt und Prozessqualität seitens der Lieferanten voraus. Ein möglicher Kostenvorteil in einer Total-landed-cost-Betrachtung kann bei Nichtberücksichtigung der Faktoren schnell zu einem deutlichen Kostennachteil werden (Abbildung 1.4-A, Rückverlagerungsfolie) [Bec07]. Um den prognostizierten Kostenvorteil zu erzielen, muss die zu der Unternehmensform passende Strategie ausgewählt werden. Die verschiedenen Varianten an Internationalisierungsstrategien sind in Abbildung 2.3 dargestellt.

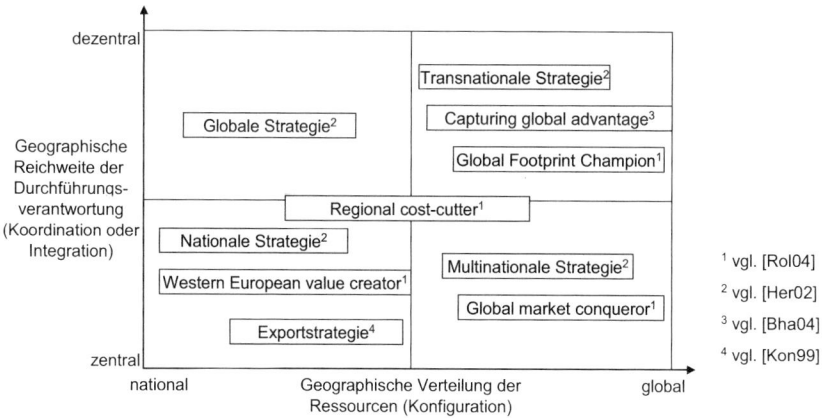

Abb. 2.3: Einordnung bestehender Internationalisierungsstrategien

Abbildung 2.3 zeigt die verschiedenen Formen von Internationalisierungsstrategien. Das Schaubild wird anhand zweier voneinander unabhängiger Dimensionen klassifiziert. Die geographische Reichweite der Durchführungsverantwortung teilt die

Standorte bezüglich der Möglichkeit zur Koordination und Integration in zwei Richtungen ein: zentral und dezentral. Die zentrale Struktur bedeutet, dass die Zentralbereiche von Unternehmen sämtliche Aktivitäten wie Beschaffung, Produktion oder den Vertrieb organisieren. Dezentral bedeutet, dass die Aktivitäten den jeweiligen Standorten zugeordnet werden. Die geographische Verteilung der Ressourcen lässt eine Aussage bezüglich der vorhandenen Unternehmensstandorte zu [Her02, Hum97].

Nachteile zentraler Standortorganisationen sind beispielsweise eine mangelhafte Marktorientierung, geringe Nutzung der lokalen Expertise und einseitige Informationsflüsse. Dezentralen Strukturen haften zumeist eine mangelhafte Koordination, ungenügende Kontrolle und suboptimale Teilstrategien an [Wil94a].

Die Eignung der transnationalen Strategie als Basis für eine globale Produktionsstrategie eines Tier1-Unternehmens trifft gemäß Schaubild 2.3 am ehesten zu. Tier1-Unternehmen sind Zulieferfirmen, die in der Lieferfolge auf Platz 1 stehen. „Tier" kommt aus dem Englischen und bedeutet „Rang". Ein Tier 1-Unternehmen steht somit auf Platz 1 in der Lieferkette und ist beispielsweise der letzte Zulieferer (Hersteller eines Autoradios) eines Automobilzulieferers. Für historisch gewachsene Global Player besteht die weltweite Wettbewerbsfähigkeit in der Kombination aus viel Know-how in traditionellen Werken und Standorten in kostengünstigen Ländern [Goe05]; die transnationale Strategie wird der These oder Forderung gerecht. Im nachfolgenden Abschnitt wird die Strategie beschrieben.

2.3.1 Transnationale Strategie

Nach *Hummel* steht hinter der transnationalen Strategie die Idee der Vernetzung weltweit verstreuter Aktivitäten. Daraus resultieren Vorteile wie beispielsweise die operative Flexibilität [Hum97]. Die Strategieform umfasst dabei mehrere Strategievarianten. Eine Gemeinsamkeit ist beispielsweise die kundennahe Produktion, die differenzierte Produkt- und Produktionsprogramme voraussetzt [Beh98]. Die Vernetzung weltweit verstreuter Aktivitäten mittels Informations-, Finanz- und Materialflüssen hinterlässt einen Fußabdruck auf dem ganzen Globus. Nach einer Studie von Roland Berger und dem Werkzeugmaschinenlabor (WZL) in Aachen entstand daraus der Begriff des „Global Footprint" [Rol04]. Nach *Hummel* verknüpft die transnationale Strategie dabei die Vorteile sowohl der multinationalen

(Marktnähe, Flexibilität) als auch der globalen (Größen-, Lernkurvenvorteile (von den Fehlern anderer Werke lernen)) Strategie [Hum97], wie es in Abbildung 2.3 deutlich wird.

Die Ziele der transnationalen Strategie sind auf globaler Seite

- die Nutzung von Mengeneffekten durch weltweite Verteilung von Produktion und Absatz,
- die Bündelung und der Austausch von Erfahrungen über Zukunftsmärkte, Zukunftstechnologien und Prozesswissen sowie
- der koordinierte Markteintritt.

Auf lokaler Seite sind die Ziele

- der Zugewinn von Erfahrung und Wissen über lokale Marktanforderungen und Technologien sowie
- das Ausnutzen von Standortvorteilen bei Faktorkosten, Kundennähe und Qualifikation.

Die Integration der jeweiligen Standorte als Cost- oder Profit- Center in den globalen Produktionsverbund folgt dem Trend der stärkeren Dezentralisierung [Abe06].

Die transnationale Strategie und die Produktion im Ausland erfordern die Fähigkeit zum grenzüberschreitenden Transfer von Wissen und Erfahrungen [Sch04].

Die vornehmlichen kritischen Faktoren bei der globalen Produktion sind Standardisierung, Kostenminimierung und weltweiter Vertrieb. An Bedeutung verlieren hingegen verschiedene kulturelle, geographische und politische Rahmenbedingungen [Wil98].

Die aufgeführten Vorteile sowohl auf globaler wie auch lokaler Seite müssen in die Internationalisierungsstrategie des jeweiligen Großunternehmens integriert werden. Denn nur bei einer Umsetzung der Strategie im gesamten Unternehmen kann beispielsweise das für die Aktivitäten notwendige Know-how auf- oder ausgebaut werden [Mat06]. Dabei kann ein Netzwerk in Form eines Kompetenzzentrums durchaus auch eine zentrale Struktur haben. Die maximale Leistung eines Netzwerks kann jedoch nur unter Einbeziehung der gesamten dezentralen Struktur erreicht werden [Mat07]. Deshalb muss das ganze Netzwerk betrachtet werden, was die Vorausplanung des Produktionsverbunds sehr aufwendig werden lässt. Abbildung 2.4 zeigt den Planungsaufwand schematisch.

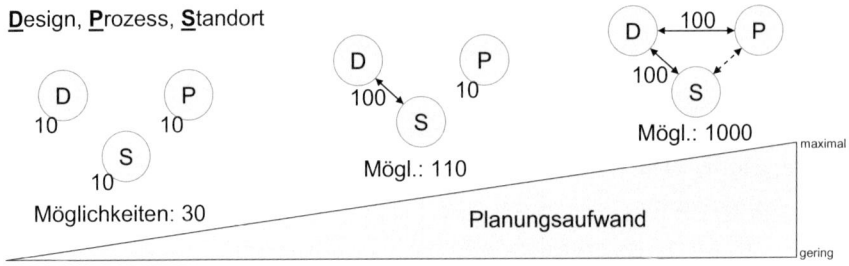

Abb. 2.4: Hoher Aufwand bei der Planung eines Produktionsverbunds

Die aufwendige Planung eines globalen Produktionsverbunds wird durch Abbildung 2.4 verdeutlicht. An einem einfachen Zahlenbeispiel und mit wenig Kombinatorik zeigt die Abbildung den steilen Anstieg des Aufwands unter Berücksichtigung aller drei Determinanten. Werden die Determinanten separat betrachtet und je 10 Parameter angenommen, gibt es 30 Möglichkeiten. Werden nur zwei miteinander kombiniert, sind es schon 110 Möglichkeiten. Durch die Kombination einer mit den beiden anderen Determinanten bestehen bereits 1000 Möglichkeiten, ohne dass wie hier im Beispiel die Abhängigkeit zwischen Prozess und Standort Berücksichtigung findet. Deshalb müssen sich Produktentwicklung, Fertigungs- und Standortplanung bereits in der Vorentwicklungsphase zusammenfinden, um den später resultierenden Aufwand möglichst gering zu halten und vor allen Dingen zu kennen. Genau hierbei unterstützt die neue Methodik. Sie baut auf den aktuellen Lösungsansätzen auf. Die Ansätze werden im Abschnitt 2.4 aufgeführt, beschrieben und bewertet.

2.3.2 Andere Strategien

Im Rahmen der Recherchen wurden die restlichen Strategien aus Abbildung 2.3 ebenfalls ermittelt und untersucht. Sie waren jedoch zur Erstellung der Methodik nicht relevant. Deshalb wird der Vollständigkeit halber in Anhang A.3 kurz auf die übrigen Strategien eingegangen und die entscheidenden Inhalte aufgeführt. Auf der transnationalen Strategie aufbauend wird in Kapitel 2.4 das Entwicklungsumfeld untersucht.

2.4 Entwicklungsumfeld

Wie in der Einleitung von Kapitel 2 beschrieben ist das zweite Ziel die Untersuchung des näheren Entwicklungsumfelds. In dem Abschnitt werden bestehende Methoden oder Lösungsansätze gezielt genutzt und sparen Entwicklungszeit. Die Ergebnisse der Untersuchung werden in drei Abschnitte gegliedert. Die dreigliedrige Unterteilung richtet sich nach den Bereichen Forschung, Forschung und Industrie sowie der Industrie. Nachfolgende Abbildung stellt die drei Bereiche und deren Forschungseinrichtungen im Entwicklungsumfeld der Methodik dar.

2.4.1 Forschung	2.4.2 Forschung + Industrie	2.4.3 Industrie
2.4.1.1 Kinkel 2.4.1.2 Große-Heitmeyer 2.4.1.3 Schellberg 2.4.1.4 Jacob 2.4.1.5 Herm	2.4.2.1 GVP 2.4.2.2 ProMoLeS	2.4.3.1 Meyer 2.4.3.2 DFMA

Abb. 2.5: Gliederung des Entwicklungsumfelds

Produkt	Prozess	Standort	Bewertung/ Relevanz
			Nicht berücksichtigt
			Berücksichtigt, erste Lösungsansätze vorhanden
			Lösungsansätze vorhanden, Probleme bei Umsetzung (nur KMU oder Ähnliches)
			Lösungsansätze vorhanden, Umsetzung gut möglich, aber nicht innerhalb der Methodik
			Geeignet – kann direkt übernommen und implementiert werden

Abb. 2.6: Skala zur Bewertung der Relevanz

Die Methoden aus den drei Bereichen werden zunächst vorgestellt, der Aufbau schematisch dargestellt und anschließend bezüglich deren Relevanz für die Produktgestaltung innerhalb globaler Produktionsverbünde bewertet. Dafür wurde die Bewertungsskala in Abbildung 2.6 erstellt.

Die Bewertungsform ist die Grundlage für das Fazit einer jeden Methode. Damit wird die Relevanz zur Methodik der Arbeit herausgestellt. Analog zur Darstellung der Interdependenzen zwischen Produktgestaltung, Prozessgestaltung und Standortentscheidung ergibt sich die Form der Bewertung. Das Quadrat entspricht hierbei dem Produktdesign, das Dreieck der Prozessgestaltung und der Kreis der Standortentscheidung.

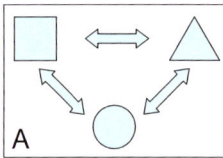 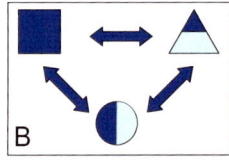 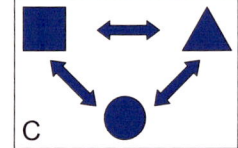

Abb. 2.7: Mögliche Formen der Bewertung von Methoden

Abbildung 2.7 zeigt mögliche Bewertungsergebnisse untersuchter Methoden. Fall A bedeutet, dass die Methode keinen Bezug zum Thema der Arbeit hat; derartig bewertete Methoden werden folglich auch nicht aufgeführt. Im zweiten Fall (2.7-B) passt die Methode bezüglich der Ergebnisse bei der Produktgestaltung hervorragend zur Methodik. Für die Prozesse wurden erste Lösungsansätze erarbeitet, die Standortentscheidung ist zufriedenstellend, es kommt jedoch zu Problemen bei der Anwendung, da beispielsweise die Konzernstruktur nicht zu der von KMU passt. Fall C stellt das Ziel der Arbeit dar, nämlich die gewünschte Methodik zur Gestaltung globaler Produktionsverbünde für Großunternehmen.

Eine solche Einstufung findet sich beim Fazit jeder untersuchten Methodik. Die Abbildung trifft eine Aussage bezüglich der Relevanz der in der Methodik erarbeiteten Lösungen im Hinblick auf das Produktdesign, die Prozessgestaltung und die Standortentscheidung.

Im folgenden Abschnitt sind zunächst die Lösungen aus der Forschung aufgeführt.

2.4.1 Forschung

2.4.1.1 Dynamische Standortbewertung nach *Kinkel*

Das FhG Institut für System und Innovationsforschung (ISI) mit Sitz in Karlsruhe beschäftigt sich mit Entwicklungstrends bei Auslandsverlagerungen und Rückverlagerungen deutscher Firmen. Um eine Auslandsverlagerung jedoch nicht nur global sondern auch wirtschaftlich zu gestalten, müssen potentielle Standorte beziehungsweise Zielländer sorgfältig untersucht werden. Die Standortwahl ist eine mehrstufige, langfristige und semistrukturierte Entscheidung über Direktinvestitionen [Kin03]. Bei einer Standortwahl muss zuerst zwischen einer nationalen und internationalen Standortwahl unterschieden werden. Nach einer internationalen Standortentscheidung müssen zwei weitere getroffen werden, erstens ob eine Direktinvestition überhaupt und zweitens in welchem Land sie erfolgen soll [Kon99].

Im Rahmen der Internationalisierung sind die zentralen Gründe für eine Standortentscheidung Kostensenkung, Markterschließung und Know-how-Sicherung oder -aufbau. Zwischen den drei Gründen besteht eine hohe Korrelation, da beispielsweise Standorte mit einem hohen und schützenswerten Know-how in der Regel keine Standorte mit niedrigen Lohnkosten sind. Das Spannungsfeld der drei Faktoren ist bei der Standortbewertung zu berücksichtigen [Rei06b].

Neben diesen drei zentralen Faktoren gibt es eine ganze Reihe weiterer Kriterien, die für eine Standortbewertung hinzugezogen werden müssen. Nach *Kinkel* werden derartige Bewertungen in der Literatur und Praxis nach sogenannten Standortfaktoren vorgenommen [Kin07]. Sie geben „standort- und situationsspezifische Eigenschaften, Bedingungen und Einflussgrößen, die auf das Zielsystem der Unternehmung wirken und damit deren Erfolg beeinflussen", implizit wieder [Han74].

Den Prozess zur Standortbewertung oder Standortentscheidung nach *Kinkel* zeigt nachfolgende Abbildung 2.8.

Zunächst muss die zur Anwendung kommende Strategie festgelegt werden. Je nach verfolgtem Motiv der Internationalisierungsstrategie wird eine Liste mit erfolgskritischen Standortfaktoren ausgewählt. Die Standortfaktoren sind vollständig in verschiedenen Katalogen aufgelistet, werden aber dynamisch der ausgewählten

Strategie entsprechend angepasst, um nur aufgrund Strategie relevanter Faktoren zu bewerten.

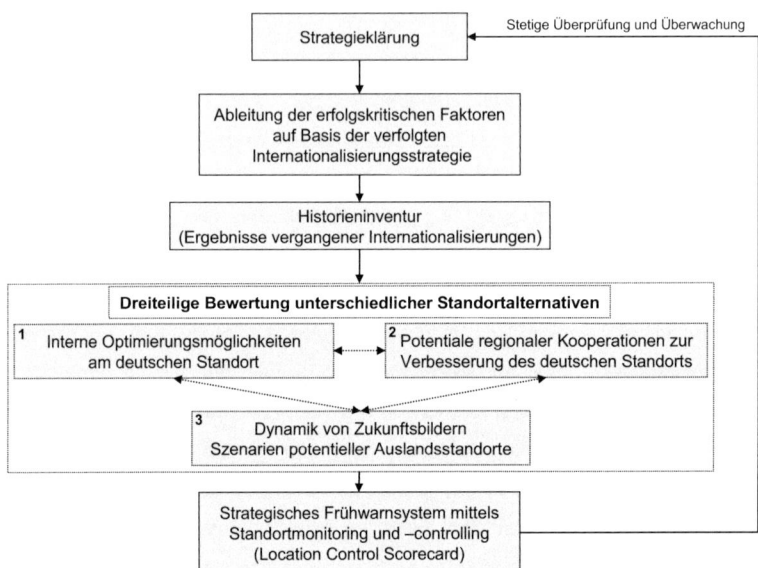

Abb. 2.8: Entscheidungsprozess nach Kinkel zur Standortbewertung modifiziert nach [Kin04]

Die Historieninventur stellt dem Standortplaner in Form einer Datenbank Ergebnisse über die Erfolge beziehungsweise Misserfolge vergangener Internationalisierungen zur Verfügung. Dadurch werden Fehlplanungen vermieden.

Auf Basis der Informationen wird die Bewertung der übrigen unterschiedlichen Standortalternativen vorgenommen. Sie erfolgt in drei Teilen:

1. Um ausländische Standorte mit deutschen vergleichbar zu machen, werden zunächst die Optimierungspotentiale deutscher Standorte eingeschätzt. Mögliche Potentiale zur Leitungsverbesserung können durch eine vergleichende Bewertung mit den „Leistungsbesten" bestimmt werden und bilden die Grundlage für einen realistischen Standortvergleich.

2. Die nächste Stufe bildet eine Untersuchung der lokalen Netzwerke am deutschen Standort, die dem Unternehmen zur Verfügung stehen. Die Analyse gibt Aufschluss über die notwendigen Anstrengungen, die angestellt werden müssen, um im Ausland eine ähnliche Zulieferstruktur zu erhalten.

3. Im dritten Schritt werden Unsicherheiten wie beispielsweise zu erwartende Ein- und Auszahlungen am Auslandsstandort, Schwankungen der Materialpreise oder interne Faktoren wie die Materialproduktivität betrachtet. Um auf derartige Unsicherheiten bei der Standortbewertung vorbereitet zu sein, werden die Unsicherheiten in verschiedenen Zukunftsbildern aggregiert. Die Zukunftsbilder werden bei der Wirtschaftlichkeitsbetrachtung berücksichtigt und in eine szenariobasierte Standortbewertung integriert. Die szenariobasierte Standortbewertung verbessert die Entscheidungsmöglichkeit hinsichtlich Unsicherheiten wie zukünftigen Kosten- und Erlösströmen, die wiederum durch das turbulente Unternehmensumfeld beeinflusst werden. Die Form der Bewertung ist dynamisch und erfordert nur einen geringen planerischen Zusatzaufwand.

Abgeschlossen wird die Methode von Kinkel mit einem strategischen Frühwarnsystem. Das basiert auf der Location Score Card (LCSC), die für ein funktionierendes Standortmonitoring und –controlling sorgt. Die LCSC ermöglicht ein regelmäßiges Überprüfen getroffener Standortentscheidungen, um die strategische Bedeutung und dynamische Entwicklung der Produktionsstandorte zu überwachen. Für ein sinnvolles strategisches Standortcontrolling muss das Konzept der LCSC angewendet werden [Kin04]. Hierfür gilt die folgende Bewertung.

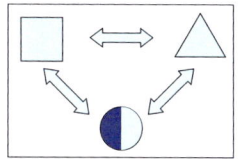

Kinkel geht intensiv auf das Verbesserungspotential der Standorte ein, lässt aber Produkt- und Prozessanforderungen völlig außer Acht. Werden die Anforderungen berücksichtigt, können sich gänzlich andere Anforderungen an die Standorte ergeben.

Die Ergebnisse unterstützen in erster Linie KMU. Die Vorgehensweise erfasst den Bedarf unternehmensübergreifender Netzwerke. Bedingungen und Interdependenzen zwischen unternehmensinternen Standorten werden nicht betrachtet. Es handelt sich also nicht um eine integrierte Betrachtung aller Standorte, sondern ist immer nur auf einen Standort mit dessen Zuliefernetzwerk beschränkt. Für global agierende Unternehmen, die bereits in allen nennenswerten Industrienationen mit Produktionsstätten vertreten sind, ist die integrierte Betrachtung aller Standorte das Entscheidende. Deshalb ist die Standortbewertung in Zusammenhang mit der Arbeit begrenzt nutzbar.

Bei der Erstellung der Zukunftsbilder für die LCSC besteht die Gefahr, dass Scheinszenarien erzeugt werden, die den Standortplaner oder Entscheider in eine falsche Richtung leiten. Die Szenarien sind wie bereits erwähnt rein hypothetisch, wodurch Unsicherheiten bestehen bleiben.

Die Standortbewertung nach *Kinkel* enthält Lösungsansätze, ist aber innerhalb eines globalen Produktionsverbunds schwer umsetzbar.

2.4.1.2 Globalisierungsgerechte Produktgestaltung nach *Große-Heitmeyer*

Die von *Große-Heitmeyer* entwickelte Methodik ermöglicht die gezielte Identifikation von Kernbaugruppen auf Basis einer globalisierungsgerechten Produktstrukturierung und technologischer Kernkompetenzen. Dabei wird über die Know-how intensiven und marktrelevanten Baugruppen die Verbindung zu den technologischen Kernkompetenzen hergestellt. Die Methodik ist so aufgebaut, dass zunächst eine genaue Analyse der Produktstruktur mit dem Ziel des Variantenmanagements und des Kompetenzmanagements vorgenommen wird. Das Ergebnis hiervon könnte allerdings auch eine gezielte Umstrukturierung der Produktstruktur hinsichtlich der globalisierungsgerechten Anforderungen sein.

Die Möglichkeiten zur Produktstrukturierung sind zahlreich und entsprechen zumeist ihren Eigenschaften. Sie lassen sich nach *Hubka* in 12 Eigenschaftsklassen gegenüberstellen. Eigenschaften sind beispielsweise Funktionen oder wirtschaftliche Eigenschaften wie beispielsweise Herstellkosten [Hub84]. Neben den Eigenschaften lassen sich auch die Gestaltungsrichtlinien für Produkte als relevant für die Produktstrukturierung heranziehen. Das sind unter anderem:

- fertigungsgerecht
- montagegerecht
- normengerecht
- ….

Nach *Pahl* sind die Design for „X" Aspekte sämtliche das Produktdesign betreffende Kriterien, die in der Entwicklung und Konstruktion unausweichlich sind [Pah03]. *Große-Heitmeye*r folgert hieraus, dass die Richtlinienbegriffe um die Forderung globalisierungsgerecht erweitert werden müssen [Gro05]. Die Richtlinie ist von entscheidender Bedeutung, da weltweit agierende Unternehmen die vorhandenen Produktionsstrukturen infolge der Globalisierung neu ausrichten müssen [Gra07].

Die Methodik von Große-Heitmeyer ermöglicht es produzierenden Unternehmen eine globalisierungsgerechte Produktstruktur binnen vier Phasen zu realisieren. Abbildung 2.9 zeigt die Methode von *Große-Heitmeyer* schematisch.

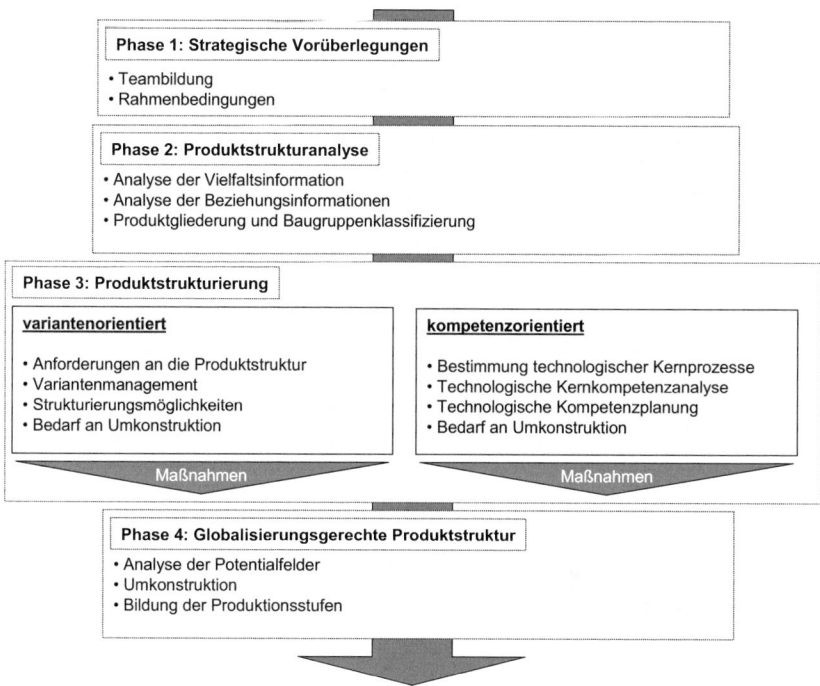

Abb. 2.9: Schematisches Vorgehen bei der Methode von Große-Heitmeyer [Gro05]

Die erste Phase bilden strategische Vorüberlegungen. Dazu wird zunächst ein Projektteam gebildet, dessen Zusammensetzung von der Problemstellung abhängt. Die Rahmenbedingungen wie die Abhängigkeiten der Produktstruktur von beispielsweise der Unternehmensstrategie oder dem Produktplanungshorizont bilden den zweiten Teil von Phase 1.

Die zweite Phase beinhaltet die Produktstrukturanalyse. Dazu müssen zunächst Informationen bezüglich Vielfalt und Beziehungen der einzelnen Komponenten eines Produkts analysiert werden. Unter Zuhilfenahme der Analyse wird ermöglicht, im letzten Schritt der Phasen eine Produktgliederung und Baugruppenklassifizierung vorzunehmen. Die Strukturierung der Produkte ermöglicht die Fokussierung auf Kernbaugruppen.

Phase 3 sieht entweder eine variantenorientierte oder eine kompetenzorientierte Produktstrukturierung vor. Bei der Variantenorientierung werden zunächst die Anforderungen an die Produktstruktur geklärt. Als Ausgangsgrößen werden Maßnahmen erzeugt, die eine eventuelle Umstrukturierung des Produkts vorsehen können. Die Kompetenzorientierung sieht eine Produktstruktur vor, die eigene technologische Kernbaugruppen sichert, stärkt und die Kernkompetenz sukzessive erweitert. Dazu müssen zunächst die technologischen Kernprozesse bestimmt werden. Die technologische Analyse und Planung der Kernkompetenzen zeigt den Bedarf an Maßnahmen zur Produktumstrukturierung auf. Als Ergebnis von Phase 3 steht ein an Varianten und Kernkompetenzen orientierter Maßnahmenkatalog zur Gestaltung eines globalisierungsgerechten Produkts.

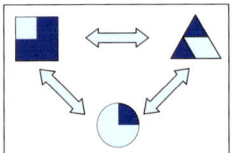 Die letzte Phase ermöglicht die Ableitung einer globalisierungsgerechten Produktstruktur unter Zuhilfenahme der Ergebnisse aus den drei vorangegangenen Phasen, vor allen Dingen des Maßnahmenkatalogs aus Phase 3 [Gro05]. Mittels einzelner Methodenbausteine und anderer Hilfsmittel werden die vier Phasen systematisiert, um in erster Linie KMU durch eine validierte Methodik zur globalisierungsgerechten Produktstrukturierung das Ableiten von Maßnahmen zu ermöglichen. Begünstigt durch den systematischen Aufbau der Methodik in Form der vier Phasen kann sie sehr leicht an individuelle Szenarien angepasst werden. So können Unternehmen auch nur mit einzelnen Phasen arbeiten, wenn sie zuvor bereits durchgeführt wurden. Hierfür gilt die folgende Bewertung.

Die Inhalte der Arbeit wurden durch eine Vorstudie des BMBF zu „Kompetenz Montage: Global agieren, am Standort Deutschland montieren" diskutiert und für forschungswürdig erachtet. Daraus entstand das öffentlich geförderte Projekt (ögP) „PEflex – Hochflexible Produktionsendstufen", dessen Ergebnisse unmittelbar in die Methode von *Große-Heitmeyer* einflossen [Gro03, Nyh04, Wie04]. Der Praxisbezug beziehungsweise die Validierung der Methode war durch das ögP gegeben, so dass die Ergebnisse als relevant für den Bezug zum Themenfeld gesehen werden können. Es bleibt jedoch zu beachten, dass die Ergebnisse der Arbeit speziell Lösungsansätze für KMU liefern [Gro05]. Das schließt die Relevanz für ein

Großunternehmen zwar nicht aus, die Ergebnisse können allerdings auch nicht vollständig übernommen werden. Durch die Ausrichtung auf die Produktstruktur sowie Kernkompetenzbildung im Bereich der Technologien bildet die Methode nicht das eingangs aufgeführte Problemfeld der drei Determinanten ab. Der Schwerpunkt liegt zudem auf der Produktgestaltung, so dass die Ergebnisse der Arbeit wie oben ersichtlich eingestuft werden.

Die Begründung der Einstufung wird in den folgenden Absätzen in aller Kürze behandelt.

Die Methodik nach *Große-Heitmeyer* zeigt, dass eine globalisierungsgerechte Produktstrukturierung nur bei einer konsequenten Überprüfung auf technologische Kernkompetenzen eine Strategie ermöglicht, die Weltmärkte in Beschaffungsmärkte zu wandeln und dabei gleichzeitig den Standort Deutschland als Produktionsstandort langfristig zu sichern.

Die nächste Einschränkung der Methode liegt in der Produktstrukturierung, denn nicht jedes Produkt eignet sich für den Ansatz. So ist zum Beispiel eine Mignonzelle nicht für eine Herstellung im Produktionsverbund geeignet, da sie vom Aufbau zu einfach ist, genauso wenig wie es Produkte gibt, deren Baugruppen nicht in verschiedenen Ländern herstellbar sind, weil es beispielsweise die Technologien vor Ort nicht zulassen.

Eine weitere Einschränkung bildet die Stückzahl, denn für Einzelanfertigungen ist die Produktionsform nicht rentabel. Niedrige Stückzahlen müssen den entstehenden Aufwand in der Entwicklung der globalisierungsgerechten Produkte rechtfertigen, da beispielsweise ein bedeutender Kunde hinter der Bestellung steht.

Außerdem sieht die Methodik keine vollständige Standortbewertung vor. Sie enthält zwar ein Anforderungsprofil von Standortfaktoren bezüglich des jeweiligen Produktmoduls, aber die mögliche Weiterentwicklung von Standorten bleibt dabei unberücksichtigt, wodurch möglicherweise Aufwärtstrends oder Verbesserungen verpasst werden [Gro05].

Die Aspekte zur Berücksichtigung der „Globalisierungsgerechtheit" bei der Produkt-gestaltung von *Große-Heitmeyer* kommen in der vorliegenden Arbeit zur Anwendung.

2.4.1.3 Gestaltung globaler Produktionsnetzwerke nach *Schellberg*

Ziel der Methode ist die Beherrschung der Komplexität bei der Gestaltung von modularisierten, verteilten, effektiven und effizienten Produktionsnetzwerken. Der Fokus liegt hierbei in der Unterstützung der Gestaltung eines im Netzwerk verteilten und modularisierten Produktionssystems. Die Methode unterstützt konkret eine Kapazitäts- und Investitionsplanung bei diversifizierten (Kapitel 6, Standort-diversifikation) Produktionsstandorten, die wiederum zu einem Produktionsnetzwerk zusammenzuschließen sind.

Zunächst wird die Komplexität des Planungsprozesses durch einen mehrstufigen Entscheidungsprozess reduziert. Die verbleibenden Teilprobleme werden mittels eines in MS Access® realisierten Programms unter Berücksichtigung von beispielsweise Transport- und Faktorkosten oder Ressourcenverfügbarkeit gelöst. Abbildung 2.10 zeigt die Detailansicht der Methode nach Schellberg.

Im ersten Schritt „Zielplanung" (1) werden Produktions- und Projektziele und einzuhaltende Standards definiert. Hinzu kommen die Vorgaben durch Kundenforderungen und Marktbedarf.

In der „Grobplanung" (2) werden mögliche Standort- oder Produktions-Auftragsmodulkombinationen ausgeschlossen und somit der Lösungsraum weiter eingeschränkt. Die Vorauswahl (2a) möglicher Standorte wird mittels eines kennzahlenbasierten Ansatzes umgesetzt. Der Ansatz wurde von *Schellberg* unter Zuhilfenahme eines Kennzahlensystems mit 100 Kennzahlen erarbeitet, aus dem die geeigneten Kennzahlen je nach gewählter Zielplanung ausgewählt werden. Im zweiten Schritt der Grobplanung wird die zwischenbetriebliche Logistik (2b) durchgeführt. Das Ergebnis hieraus ist eine Vorauswahl potentieller Netzwerke.

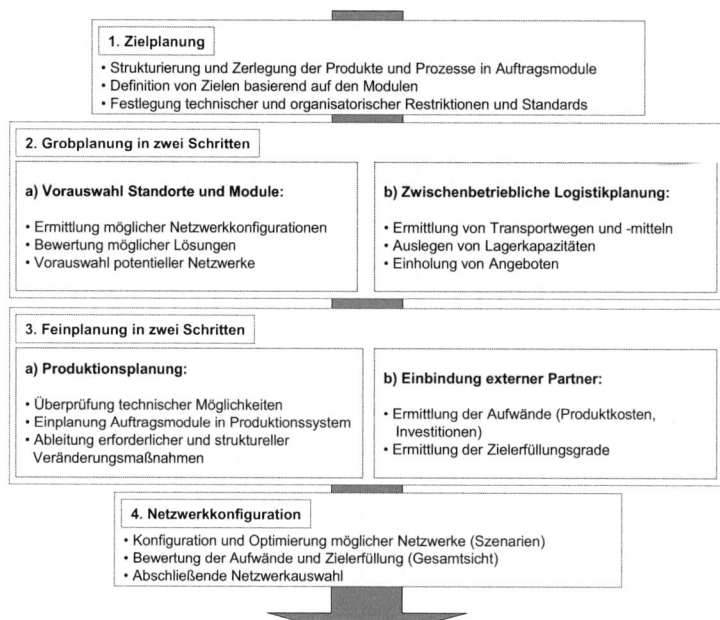

Abb 2.10: Gestaltung verteilter Produktionsnetzwerke nach Schellberg modifiziert nach [Sch02]

Auf Basis der ausgewählten Standorte wird in der Feinplanung ein kapazitativer Vergleich (3a) der Auftrags- mit den Produktionsmodulen vorgenommen. Aus dem Vergleich werden die notwendigen Gestaltungsmaßnahmen abgeleitet und vergleichend bewertet. Auf Logistikseite entspricht die Feinplanung (3b) der Gestaltung zwischen potentiellen Standorten und externen Lieferanten. Ein Entscheidungsmodell unterstützt die Planung und Entwicklung eines Logistikprozesses für jede mögliche Paarung von Produktionsstandorten. Über ein „Anfrage und Angebot" –Vorgehen werden externe Lieferanten in das Logistiknetzwerk und damit in den Planungsprozess integriert. Für das Vorgehen werden Anfragen für zu fertigende Module erstellt und an die potentiellen Zulieferer versendet. Stimmt das Angebot, werden die Zulieferer in den Logistikprozess integriert.

Die Netzwerkkonfiguration (4) baut auf der Feinplanung auf und nutzt die ermittelten Ergebnisse bei der Entscheidungsfindung. Ziel der Konfiguration ist, den Standorten Produktionsmodule zuzuordnen sowie mit Logistikmodulen zu verknüpfen. Die Methode liefert als Ergebnis ein final konfiguriertes Netzwerk, welches mit Hilfe der

Produktionsmodule und Lieferanten den Anforderungen der zugeordneten Auftragsmodule und definierten Logistikprozesse genügt.

Aus Gründen der Praxistauglichkeit setzte Schellberg die Methode in einem Software-Werkzeug um. Die Produktionsnetzwerk-Gestaltungssoftware (PRONEG) unterstützt die wesentlichen Planungsphasen mit Ausnahme der „Grobplanung" (2a+2b). Hierfür gilt die folgenden Bewertung.

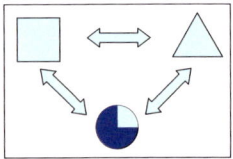 Die Standorte werden nicht auf Basis der Fähigkeiten, sondern der Kennzahlen ausgewählt. Logistikaspekte werden berücksichtigt, Probleme bei Informationsübergängen und Koordinationsaufwendungen zwischen den Produktionsmodulen im Netzwerk bleiben unbeachtet.

Die Neuentwicklung und Konstruktion von Produkten ist genauso wie die auftragsneutrale Planung nicht Gegenstand der Methode. Entstehende Anlaufkosten für die Serienproduktion werden nicht betrachtet. Die Auftragsmodule werden den Ressourcen direkt zugeordnet, weswegen Fragestellungen bezüglich verwendeter Technologien unberücksichtigt bleiben. Eine Auswahl von Prozessalternativen findet nicht statt, weshalb es offen bleibt, wie die zur Herstellung notwendigen Prozesse ermittelt werden.

Der Ansatz von *Schellberg* umfasst die taktische Planung und Optimierung. Strategische Entscheidungen zur Errichtung und Verlagerung von Produktionsstätten sind kein Bestandteil des taktischen Optimierungsansatzes.

2.4.1.4 Quantitative Optimierung von Produktionsnetzwerken nach *Jacob*

Jacob liefert einen methodischen Ansatz zur quantitativen Optimierung globaler Produktionsnetzwerke. Ziel der Methode ist die Unterstützung bei der Entscheidungsvorbereitung einer langfristigen und strategischen Neuausrichtung des Produktionsnetzwerks eines Unternehmens. Die Methode liefert als Ergebnis ein wirtschaftlich optimiertes Produktionsnetzwerk [Jac05]. Abbildung 2.11 stellt den Aufbau der Methode schematisch dar.

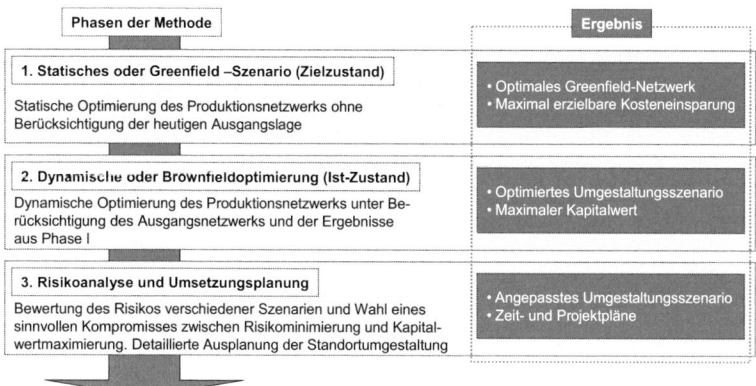

Abb 2.11: Optimierung bestehender Produktionsnetzwerke nach Jacob modifiziert nach [Jac05]

In Phase I der Vorgehensweise wird das bestehende Standortnetzwerk völlig außer Acht gelassen. In der Phase wird zunächst ein optimales Szenario eines Produktionsnetzwerks im Rahmen eines „Greenfield-Ansatzes" erarbeitet. Unter Greenfield-Ansatz wird die Planung eines Standorts oder Standortnetzwerkes ohne jede Einschränkung wie beispielsweise durch Randbedingungen verstanden. Für das Szenario werden sowohl die Kosten errechnet als auch die Standorte ermittelt, an denen die notwendigen Prozesse eingerichtet werden müssen. Die erste Phase umfasst einen rein theoretischen Methodenschritt.

Phase II beinhaltet eine Wirtschaftlichkeitsbetrachtung. Hierbei wird zunächst die Umgestaltung des gegenwärtig bestehenden Produktionsnetzwerks optimiert. Das Maß des optimalen Zielzustandes bildet hierbei das in Phase I erarbeitete Zielszenario sowie die alternativen Zielsetzungen Zielgröße der Optimierung ist der Kapitalwert. Durch Iterationen zwischen Phase I und II werden basierend auf dem Ist-Modell immer wieder die Greenfield-Szenarien angepasst und dadurch stets verbessert.

Phase III beinhaltet eine Risikoanalyse und die konkrete Umsetzungsplanung. Als Ergebnis aus Phase II stehen die kostenoptimalen Fertigungskapazitäten je Periode und die verschiedenen Prozessschritte je Standort zur Verfügung. Das erhaltene Ergebnis der Optimierung wird durch mehrere Iterationsschleifen verfeinert und konkretisiert. Hierfür gilt die folgende Bewertung.

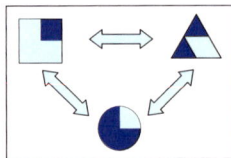

Die Methode stellt eine rein quantitative Optimierung des Netzwerks dar. Dadurch bleiben qualitative Fragestellungen, die ebenso großen Einfluss auf eine optimale Netzwerkgestaltung haben, unberücksichtigt. Ein standortgerechtes Produktdesign wird beispielsweise im Optimierungsansatz als gegeben angenommen, wodurch Optimierungspotential verloren geht. Das verlorene Optimierungspotential kann aber in Form von Anpassungen des Produktdesigns oder der Konstruktion zu wesentlichen Einsparungen führen. Die Funktionalität und Qualität des Produkts bleiben hiervon unberührt. Weiterhin ist die Verlängerung des Untersuchungszeitraumes der Optimierung als kritisch anzusehen: Für Prozessketten, die mehr als 20 Prozessschritte enthalten, ist die Methode aufgrund der benötigten Zeit nicht mehr anwendbar. In der Praxis bedeutet das, dass die Methode von *Jacob* in vielen Fällen nicht mehr zur Anwendung kommen kann, da die Produkte deutlich mehr notwendige Prozessschritte als die maximalen 20 umfassen.

2.4.1.5 Konfiguration globaler Produktionsnetzwerke nach *Herm*

Zur Konfiguration globaler Wertschöpfungsnetzwerke hat *Herm* sogenannte Business Capabilities (BCs) eingeführt. Sie unterliegen folgender Definition: „Business Capabilities beschreiben die Fähigkeit, einer Funktion beziehungsweise organisatorischen wirtschaftlichen Einheit einen definierten Output zuzuordnen, ohne dabei eingesetzte Technologien und Ressourcen explizit beschreiben zu müssen. Business Capabilities werden als Black Box betrachtet. Business Capabilities konzentrieren sich auf die Definition der Ergebnisanforderungen. Dahinter liegende Prozesse, Ressourcen und Technologien sind zunächst verborgen" [Her06].

Die Konfiguration globaler Wertschöpfungsnetzwerke nach *Herm* erfolgt in vier Phasen, wobei in den Phasen nochmals insgesamt elf Schritte durchlaufen werden müssen. Abbildung 2.12 stellt die Vorgehensweise schematisch dar.

Phase I: Vorbereitung

> **Schritt 1:** Festlegung des Systemhorizonts
> **Schritt 2:** Definition des Zielsystems
> **Schritt 3:** Definition der Restriktionen

Phase II: Core Business Capabilities

> **Schritt 4:** Ableitung von BCs aus der geplanten Wertschöpfungsleistung
> **Schritt 5:** Bestimmung der Core Business Capability Chain
> **Schritt 6:** Auswahl geeigneter Knoten durch Zuordnung geforderter BCs

Phase III: Support Business Capabilities

> **Schritt 7:** Ableitung von Support BCs
> **Schritt 8:** Ableitung von Wertschöfpungsmodulen
> **Schritt 9:** Abgleich von Kapazitäten und Restriktionen

Phase IV: Bewertung und Entscheidung

> **Schritt 10:** Bewertung der Konfigurationsalternativen
> **Schritt 11:** Entscheidung

BCs: Business Capabilities

Abb. 2.12: Konfiguration globaler Wertschöpfungsnetzwerke modifiziert nach [Her06]

Phase I ist die Vorbereitungsphase und lässt sich in drei Schritte unterteilen.

Schritt 1 legt den Systemhorizont fest, wodurch die geforderte Wertschöpfungsleistung abgegrenzt und aufgrund geforderter Kapazitäten und existierender Rahmenbedingungen festgelegt wird. Im ersten Schritt wird weiterhin festgelegt, welche der BCs im Unternehmen verbleiben beziehungsweise welche an Zulieferer abgegeben werden können.

Schritt 2 definiert das Zielsystem und legt damit die Zielgrößen für die Wertschöpfungsnetzwerke fest. Hauptzielgrößen sind dabei Kosten, Qualität, Zeit und Flexibilität. Die Größen bilden das Zielsystem, welches aber in aller Regel durch weitere Zielbereiche ergänzt werden muss. Wird nur eine Zielgröße verfolgt, reicht ein einkriterielles Optimierungsverfahren aus. Werden mehrere oder alle Zielgrößen verfolgt, muss zusätzlich festgelegt werden, welches multikriterielle Optimierungsverfahren geeignet für das jeweilige Konfigurationsziel ist. Das Verfahren wird folglich eingesetzt und ist damit ebenfalls Ergebnis des zweiten Schrittes.

Im dritten Schritt werden Restriktionen analysiert und festgelegt. Sie beeinflussen und schränken gleichermaßen die Gestaltung der Wertschöpfungsnetzwerke ein. Restriktionen sind strategische, taktische und ökologische Vorgaben oder solche bedingt durch Local Content. Local Content bedeutet, dass Unternehmen regierungsseitig gezwungen werden, im neuen „Produktionsland" bestimmte Wertschöpfungsschritte zu vollziehen [Bul02].

In Phase II folgt die Ableitung der Core BCs, die die Wertschöpfungsleistung an sich beschreiben, und die Zuordnung zu potentiellen Knoten des Wertschöpfungsnetzwerks.

Schritt 4 teilt die Wertschöpfungsleistung in Wertschöpfungsteilleistungen unter Berücksichtigung technologisch bedingter Restriktionen auf. Daraus lassen sich die Core BCs ableiten. Damit die Wertschöpfung auf unterschiedliche Standorte oder externe Partner aufgeteilt werden kann, muss zunächst eine Modularisierung unter Beachtung der Eigenschaften des Wertschöpfungsnetzwerks erfolgen. Hierfür ist zunächst der optimale Modularisierungsgrad der Core BCs zu klären.

Schritt 5 legt die logische Abfolge der Core BCs unter Zuhilfenahme der Core BC Chain fest. Mit der Core BC Chain werden alle resultierenden Alternativen abgebildet.

Schritt 6 fragt zunächst ab, welcher der vorhandenen BCs an den Knoten des potentiellen Netzwerks durchgeführt wird. Auf Basis der BCs erfolgt eine Auswahl an Knoten. Die Auswahl ermöglicht die Erstellung einer Business Capability Map, in der sämtliche enthaltene BCs strukturiert beschrieben sind. Die BC Map wird mit der BC Map möglicher anderer Knoten abgeglichen. Mit Hilfe von Schritt 6 erfolgt eine geeignete Zuordnung der geforderten BCs zu internen beziehungsweise externen Kunden. Hier endet Phase II.

Phase III bestimmt und ordnet in Schritt 7 den ermittelten Core BCs die entsprechenden und notwendigen Support BCs zu. Die Support BCs ermöglichen erst die Core BCs.

Schritt 8 weist den BCs auf Knotenebene die Technologien und Ressourcen zu, die zusammen Wertschöpfungsmodule bilden. Weiterhin werden Hierarchien der Technologien und Ressourcen bestimmt. Die Hierarchien werden mit denen der anderen BCs verbunden, um die Hierarchie der Wertschöpfungsmodule als Ergebnis zu erhalten.

In Schritt 9 werden die Restriktionen und Local Content-Anforderungen mit den Kapazitäten der an den Knoten eingesetzten Ressourcen abgeglichen. Der Abgleich ermöglicht feste Zuordnungen und schließt mögliche Zuordnungen durch die vorgegebenen Restriktionen definitiv aus und schließt Phase 3 der Methode ab.

Phase IV bewertet mögliche Alternativen und wählt sie aus.

Schritt 10 bewertet die Konfigurationsalternativen mit Hilfe eines multikriteriellen Zielsystems und des ausgewählten Optimierungsverfahrens.

Im elften Schritt wird mit der Bewertung, die eine direkte Vergleichbarkeit der Alternativen liefert, aus Schritt 10 die endgültige Entscheidung für eine Konfigurationsalternative getroffen. Der Schritt bildet gleichzeitig den Übergang zur Implementierung und zum Betrieb des Wertschöpfungsnetzwerks. Hierauf geht *Herm* jedoch nicht mehr ein. Damit ergibt sich die folgende Bewertung.

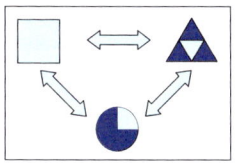 Die Gestaltung und Modularisierung des Produkts bleiben außer Acht. Durch die Verteilung geeigneter Module in einem Produktionsverbund lassen sich jedoch nach *Große-Heitmeyer* signifikante Kosteneinsparungspotentiale erzielen. Doch spielt gerade der Aufbau des Produkts eine entscheidende Rolle bei der Gestaltung des Wertschöpfungs- und damit des Produktionsnetzwerks.

Folglich kann keine ausreichende standortspezifische Betrachtung der Produktionsprozesse in der Methode *Herms* erfolgen. Eine Anpassung der Fertigung an die Möglichkeiten eines jeden Standorts ermöglicht weitere Kosteneinsparungen. Folglich sollte auch dem Aspekt nachgegangen werden, was bei *Herm* jedoch nicht erfolgt.

BCs ermöglichen einen Abgleich zwischen geforderter Wertschöpfung auf der einen und Fähigkeiten eigener Standorte oder externer Partner auf der anderen Seite. Der Abgleich liefert ein Ergebnis, ohne erforderliche Prozesse detailliert durch verwendete Ressourcen und Technologien zu beschreiben. Das Ergebnis ist also nicht transparent, was die Nachverfolgung der Entscheidungen nicht nachvollziehen lässt. Die Prozessauswahl erfolgt aufgrund von Forderungen, nicht auf Basis von Ressourcen oder vorhandener Technologien. Es ist also ein „Greenfield"-Ansatz.

Weiterhin ist es hilfreich, die unterschiedlichen Anlaufphasen der einzelnen Knoten bereits während der Planung und Konfiguration globaler Wertschöpfungsnetzwerke zu betrachten. Lang anhaltende Anlaufphasen bestimmter Knoten könnten dazu führen, dass das Ziel der Konfiguration schlechter als bei Alternativkonfigurationen erreicht wird.

2.4.2 Forschung und Industrie

Nachdem in Abschnitt 2.4.1 die vorherrschenden Lösungsansätze aus der Forschung betrachtet wurden, wird im Abschnitt 2.4.2 auf die Zusammenarbeit von Forschung und Industrie eingegangen. Das stellt sich zumeist in Form öffentlich geförderter Projekte (ögP) dar. ÖgP sind vom Bundesministerium für Bildung und Forschung teilfinanzierte Projekte mit dem vorrangigen Ziel, den Mittelstand in Deutschland zu unterstützen und damit den Standort Deutschland für einen Industriezweig langfristig zu sichern. Nachfolgend werden unter anderem Projekte und deren Forschungsergebnisse, die die Ziele der Arbeit direkt beeinflussen, aufgeführt und erläutert.

2.4.2.1 Globales Varianten Produktionssystem

Das öffentlich geförderte Projekt Globales Varianten Produktionssystem (GVP) hat die Entwicklung eines Produktionssystems zum Ziel, um Alternativen zu einer nur kostenbegründeten Fertigungsverlagerung an Auslandsstandorte aufzuzeigen, wodurch eine neue Perspektive auf Montageprozesse und die Verlagerung von Montageumfängen innerhalb der Wertschöpfungskette ermöglicht wird [Moe06]. Abbildung 2.13 zeigt das methodische Vorgehen des GVP.

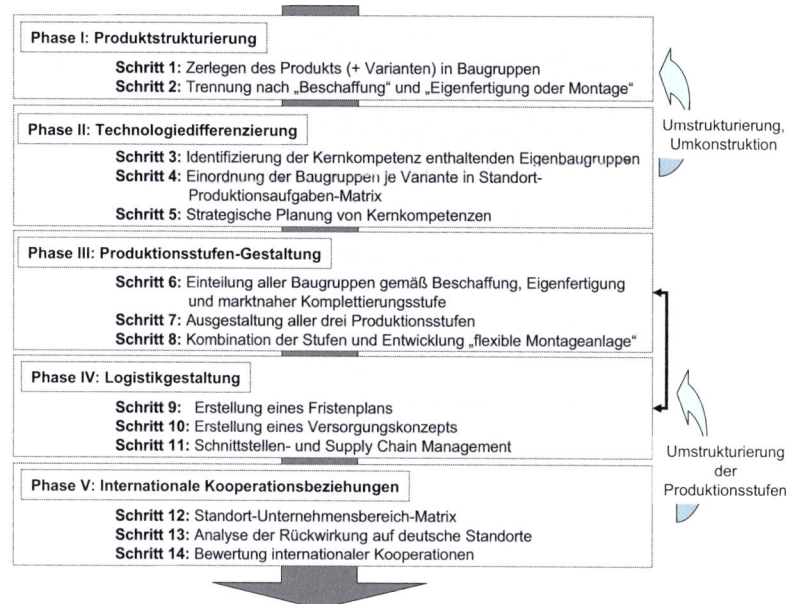

Abb. 2.13: Bausteine des globalen Varianten Produktionssystems modifiziert nach [Moe06]

Die erste Stufe Produktstrukturierung teilt das Produkt und dessen Varianten in Baugruppen auf. Die Baugruppen werden im Anschluss gemäß „Beschaffung" und „Eigenfertigung oder Montage" wiederum in zwei Gruppen aufgeteilt. Die Gruppe Beschaffung wird nur noch in der Logistik berücksichtigt, die Baugruppen aus Gruppe „Eigenfertigung und Montage" werden zunächst hinsichtlich deren Globalisierungsgerechtheit (Abschnitt 2.4.1.2) untersucht und bilden den Gegenstand für die zweite Stufe.

Die Technologiedifferenzierung (Stufe 2) hat die Identifizierung von Kernkompetenzen zum Ziel. Sie erfolgt auf Basis eines Katalogs besonderer Kompetenzen mit ausgeprägtem Kundennutzen, Wettbewerbsvorsprung und Innovationspotential. Differenzierungskriterien ermöglichen, den Baugruppen jeder Variante die Produktionsstufen und Standorte zuzuordnen. Berücksichtigt werden hierbei im Besonderen Lohnkosten, Qualitätsstandards, Kernkompetenzen, Local Contents und Stärken des Standorts Deutschland wie beispielsweise „made in Germany".

In der Produktionsstufen-Gestaltung (Phase III) wird mit einer Analyse der gegenwärtigen Produktionsstruktur begonnen. Auf Basis geeigneter Kriterien werden die Technologien, Steuerungen und Kapazitätsverteilungen der gesamten

Wertschöpfungskette ermittelt. In Schritt 6 wird mit der Ausgestaltung der Beschaffungsstufe begonnen, denn die Herstellung von Produktmodulen ohne eigene Kernkompetenz wird an Zulieferer vergeben. Hierzu wird ein globales Sourcing- Konzept entwickelt, das bei der Suche nach einem kompetenten Zulieferer unterstützt. Unter Sourcing wird der Bezug von Ressourcen verstanden. An zweiter Stelle in Schritt 6 kommt die Optimierung der Eigenproduktionsstufe, die die Kernkompetenzen des Unternehmens nutzt beziehungsweise erweitert. Die marktnahe Komplettierung schließt Schritt 6 ab und dient der Reduzierung der Variantenvielfalt am Produktionsstandort durch länder- und kundenspezifische Baugruppen. Durch die Ausgestaltung in Schritt 7 und die Kombination der Produktionsstufen im achten Schritt wird das Produktionssystem flexibel gestaltet, auch wegen der produktspezifischen Kombination der Stufen. Am Ende von Phase III steht demzufolge eine flexible Montageanlage für eine variantenreiche Serienfertigung. Durch einen modularen Aufbau der Linie wird die Flexibilität des Systems gewährleistet.

Die Logistikgestaltung (Phase IV) sorgt für ein zwischenbetriebliches Versorgungs-konzept. Damit die Teileversorgung in allen Produktionsstufen gewährleistet ist, wird ein entsprechendes Lagerungs- und Bereitstellungskonzept bereitgehalten. Auch Transportmittel und geeignete Spediteure werden in der Phase festgelegt. Über ein System zum Schnittstellenmanagement werden die Randbedingungen in der globalen Lieferkette bestimmt und gestaltet.

Phase V formt die internationalen Kooperationsbeziehungen. Die Inter-nationalisierung von Unternehmen erfordert die Analyse von Rückwirkungen auf deutsche Standorte. Ziel der Phase ist es, mittels qualitativer Fallstudien und anderen Untersuchungen die Konsequenzen einer Neustrukturierung der Produktion, Veränderungen der Kernkompetenz sowie die Verlagerung von Produktionsumfängen zu erarbeiten. Phase V schließt damit das methodische Vorgehen des Globalen Variantenproduktionssystems ab [Moe06]. Damit gilt folgende Bewertung.

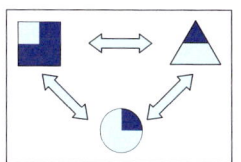 Das Projekt berücksichtigt die Produktgestaltung und die Verteilung einzelner Baugruppen auf Standorte. Jedoch entscheiden nur die Kernkompetenzen über die Standorte, an denen die jeweilige Baugruppe gefertigt werden darf. Das Produktdesign ist globalisierungsgerecht, aber nur bezüglich des beispielsweise vermiedenen Know-how-Abflusses. Die Prozesse und damit die Möglichkeiten an den verschiedenen Standorten bleiben dadurch unberücksichtigt. Auf das Produktdesign wird vollständig eingegangen, auch schon deswegen, weil der Ansatz auf den Ergebnissen der Methode von *Große-Heitmeyer* (Abschnitt 2.4.1.2) aufbaut. Der Ansatz ist aber nur bedingt auf einen weltweit agierenden Großkonzern anwendbar, weswegen der Erreichungsgrad auf Produktseite nicht vollständig ist.

Die Ergebnisse eignen sich in erster Linie für KMU, zumindest der gesamte Lösungsansatz, da in Großunternehmen die für diese Methode notwendige Transparenz fehlt. Einzelne Methodenfragmente wie beispielsweise die Produktstrukturierung oder der Ausbau internationaler Kooperationsbeziehungen sind jedoch für Großkonzerne anwendbar.

Die Standortbewertung erfolgt auf Basis qualitativer Kriterien, quantitative Aspekte bleiben unberücksichtigt.

2.4.2.2 Produktions- und Montagekonzepte für leistungselektronische Systeme

Ziel des Projekts ProMoLeS ist die nachhaltige Sicherung Deutschlands als Produktionsstandort für Leistungselektronik. Die Entwicklung und Produktion von Leistungselektronik ist zu einer Schlüsseltechnologie mit Auswirkungen auf nahezu alle volkswirtschaftlichen Bereiche aus den folgenden zwei Gründen geworden:

- Der Mikroelektronikverbrauch hat sich von 1993 bis 2000 mehr als verdoppelt
- Die Elektronikproduktion hat enormes Wachstumspotential in Deutschland [Fel00].

Leistungselektronische Systeme erfordern aufgrund ihrer komplexen Baustrukturen eine hohe Anzahl von Mitarbeitern in der Produktion (beispielsweise wegen Qualität,

Nacharbeit, Handhabung). Die sehr kostenintensiven Arbeitsplätze wurden in den letzten Jahren immer mehr abgebaut und in Niedriglohnländer, vorrangig nach Asien, verlagert. Ziel von ProMoLeS ist es, mit neuen und innovativen Lösungen die noch vorhandenen Montagearbeitsplätze zu erhalten. Abbildung 2.14 zeigt die zur Zielerreichung notwendigen Arbeitspakete (AP) und deren gegenseitige Einflussnahme schematisch.

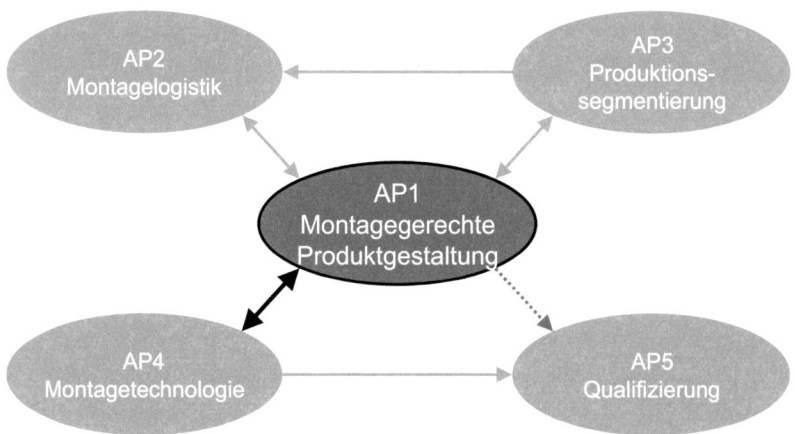

Abb. 2.14: Schema methodische Vorgehensweise ProMoLeS modifiziert nach [Fel09]

Das Zentrum in Abbildung 2.14 bildet AP1, dessen Ziel es ist, die Methode DFMA um Aspekte der Leistungselektronik zu erweitern. Daher erfolgt eine sehr enge Zusammenarbeit mit dem AP „Montagetechnologie". In AP 4 werden Ideen für Montagekonzepte und neue Technologien diskutiert beziehungsweise entwickelt, um die Elektronikfertigung an HKS effektiver und effizienter zu gestalten.

Die Arbeitspakete 2 und 3 geben in Form von Rahmenbedingungen Gestaltungsrichtlinien zur montagegerechten Produktgestaltung vor. Dabei werden die logistischen Aspekte genauso berücksichtigt wie die der Produktions-segmentierung. Dadurch wird eine globale Produktion von leistungselektronischen Produkten ermöglicht, die das erklärte Ziel des Projekts neben der Standortsicherung des HKS Deutschland ist.

AP 5 beinhaltet die Qualifizierung der Mitarbeiter basierend auf den Ergebnissen aus AP 1 und 4. Hier wird ein Schulungskonzept erarbeitet, das die Mitarbeiter entsprechend den Ergebnissen der anderen APs auf die neue Situation vorbereitet.

Zusätzlich zu den Ergebnissen der einzelnen AP liefert ProMoLeS eine Datenbank, die entwicklungsbegleitend zur Anwendung eingesetzt wird. Die Datenbank enthält alle notwendigen Prozesse und Konstruktionen zur Gestaltung eines leistungselektronischen Produkts. Dabei werden dem Entwickler Alternativen, Kosten und Probleme beziehungsweise Vorteile des jeweiligen Fertigungsprozesses aufgezeigt, wodurch die Produktgestaltung entscheidend erleichtert wird. Die Datenbank wird von einer Gruppe bestehend aus Entwicklung, Fertigung, Qualität und Produktmanagement aus verschiedenen Unternehmen entworfen, wodurch die Anwendbarkeit gesichert ist. Abbildung 2.15 zeigt den Strukturentwurf der Datenbank.

Die Datenbank ist entstanden aus den Arbeitspaketen 1 und 4. In AP 4 wurden die alternativen Technologien entwickelt und mit den Experten aus AP 1 auf deren Fertigungs- und Montagegerechtheit überprüft. Das Ergebnis ist die Datenbank, die aus Produkt- und Prozesssicht validierte Daten enthält. Die Daten unterstützen bei der Prozessauswahl und der Produktgestaltung leistungselektronischer Systeme. Hierfür ergibt sich die folgende Bewertung.

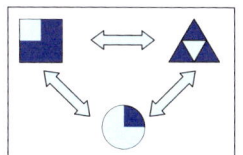

Die Datenbank aus dem Projekt ist sehr geeignet, da Aspekte der Produktgestaltung und der Prozessalternativen enthalten sind. Jedoch bildet die Datenbank nur die Leistungselektronik ab, weswegen die Verfahrensliste um die fehlenden Verfahren aus der DIN 8580 (Anhang C.1) erweitert werden muss. Mit der Ergänzung kann die Datenbank die Methodik zur Konfiguration globaler Produktionsverbünde bei der Betriebsmittelvorauswahl (Abschnitt 3.3.2) unterstützen. Die Ergebnisse des Projekts außerhalb der Datenbank sind nicht weiter anwendbar gewesen.

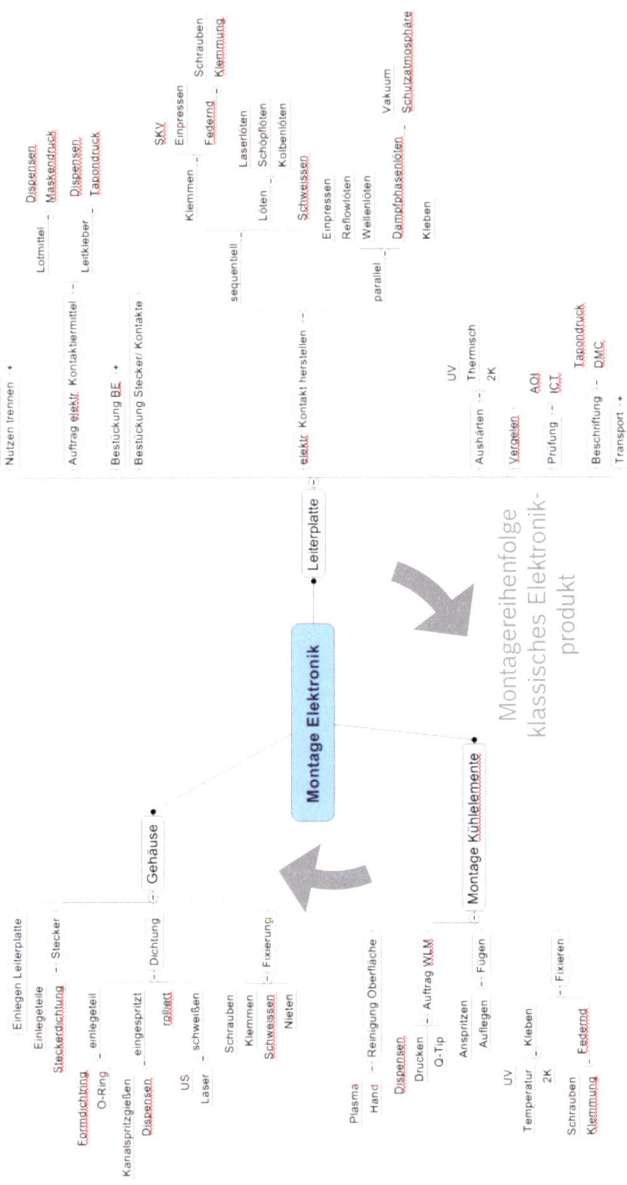

Abb. 2.15: Struktur der Datenbank anhand des generischen Prozessgraphen [Mey07]

2.4.3 Industrie

In Abschnitt 2.4.3 werden ausschließlich die durch die Industrie erarbeiteten Methoden betrachtet.

2.4.3.1 Kostenoptimierte Standortwahl nach *Meyer*

Die Methode von *Meyer* ist ein strategischer Ansatz zur ganzheitlichen Optimierung von Produktionsnetzwerken auf Basis eines statischen Optimierungsmodells. Abbildung 2.16 zeigt die Methode schematisch.

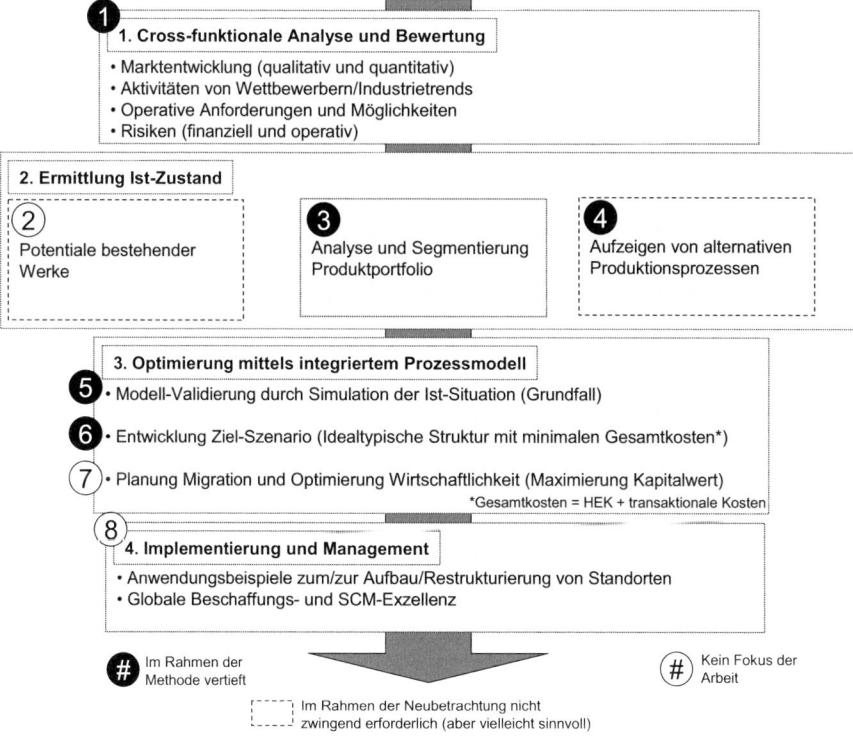

Abb. 2.16: Gestaltung von Produktionsnetzwerken modifiziert nach [Mey05]

Schritt 1 beinhaltet eine cross-funktionale Analyse und Bewertung, womit die Dringlichkeit einer Neuausrichtung des Produktionsnetzwerks ermittelt wird. Die Analyse ermöglicht, Chancen und Risiken für einzelne Geschäftsbereiche, Produkte und Werke erkennen zu können. Die Form der Analyse wird von *Meyer* aufgrund der folgenden fünf Indikatoren vollzogen:

- Neue Märkte und Absatzverlagerungen
- Fähigkeiten (Facharbeitskräfte, Fähigkeiten von Wettbewerbern, Entwicklung von Clustern)
- Umsatz- und Kostenanteile pro Region
- Änderung der Standortstruktur von Wettbewerbern
- Nachhaltigkeit des Markts und damit der Produktion.

Im zweiten Schritt der Methode werden die Potentiale bestehender Produktionsstätten untersucht und aufgezeigt. Eine Rationalisierung und Verbesserung von Effizienz sowie der Effektivität bestehender Werke ist häufig wirtschaftlicher als eine Verlagerung von Kapazitäten, was auch Kernziel der in Kapitel 3 erarbeiteten Methodik ist.

Inhalt von Schritt 3 ist die Segmentierung des Produkt- und Prozessportfolios. Die Segmentierung wird dann in ein Prozessmodell übertragen. Die zur Herstellung der Endprodukte, Komponenten und Teile notwendigen Prozesse werden ausgewählt und zu Gruppen zusammengefasst. Fertigungsschritte ähnlicher Kostenstruktur und vergleichbaren Aufbaus werden ebenfalls zusammengefasst.

Schritt 4 ist genauso wie Schritt 2 zur Auswahl der Produktionsstandorte nicht zwingend notwendig, kann aber den Nutzen und die Umsetzungsfähigkeit des Konzepts deutlich vergrößern. In Schritt 4 werden alternative Fertigungsprozesse zur Herstellung der Bauteile gesucht, wobei auf eine standortgerechte Anpassung der Fertigungsprozesse geachtet wird. Bislang nicht eingesetzte Fertigungsverfahren und nicht vorhandene Produktkonstruktionen können somit entwickelt werden.

In Schritt 5 erfolgt eine Prüfung der Validität des Prozessmodells mittels Simulation. Die berechneten Gesamtkosten der Produktion werden den tatsächlichen Kosten gegenübergestellt, wodurch eine ausreichende Abbildung der Realität durch das Modell gewährleistet wird.

Ziel von Schritt 6 ist die Entwicklung des Ziel-Szenarios. Dazu werden mittels der Gesamtkosten (total landed costs) Prozess- und Standortfaktoren zu einer Bewertung der Wirtschaftlichkeit und Leistungsfähigkeit des Produktionsnetzwerks zusammengeführt.

Darauf aufbauend werden in Schritt 7 die Umsetzungsschritte auf Basis der bestehenden Standortstruktur ermittelt. Die durchzuführenden Schritte von der Ausgangssituation hin zum Ziel-Szenario werden festgelegt und terminiert.

Abschließend wird die Umsetzung auf Werksebene für die einzelnen Standorte sowie die fortlaufende Koordination des Netzwerks durch ein globales Produktionsmanagement adressiert.

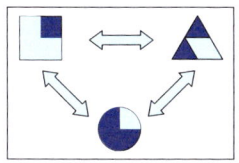 Die Schritte 2, 7 und 8 werden zwar von *Meyer* erwähnt und im Vorgehensmodell aufgeführt, in der Methode werden sie aber nicht näher behandelt. Relevante Einflussfaktoren, Modelle und Werkzeuge hierfür werden nicht dargestellt. Die Bewertung ist ähnlich der von *Jacob* (siehe Abschnitt 2.4.1.4).

Die Betrachtung der Anforderungen, die sich durch eine Herstellung in einem Produktionsnetzwerk an Produkte und Prozesse ergeben, werden zwar als wichtig herausgestellt, aber lediglich durch die Aufnahme unterschiedlicher Produktionsverfahren in der quantitativen Optimierung berücksichtigt. Die Anforderungen, die sich auf Produktseite ergeben, werden nicht betrachtet. Zudem findet eine Betrachtung der qualitativen Standortfaktoren nicht in ausreichendem Maß statt. Die Quantifizierung von qualitativen Kriterien wird nicht klar aufgezeigt. Der Schwerpunkt liegt ganz eindeutig auf monetären Größen.

2.4.3.2 Fertigungs- und montagegerechte Produktgestaltung

Design for Manufacture and Assembly (DFMA) heißt übersetzt fertigungs- und montagegerechte Produktgestaltung. Die DFMA ist eine Methode zur Unterstützung der Produktentwicklung und wird hier erläutert.

Erste Ansätze zur fertigungs- und montagegerechten Produktgestaltung finden sich bereits vor dem zweiten Weltkrieg, als der Rüstungsmittelbedarf sehr hoch und die Ressourcen knapp waren [Xie03]. In den 70er Jahren erkannte *Boothroyd* in den USA, dass Produkte, die auf denselben Prinzipien basieren und identische Funktionsumfänge aufweisen, einen bis zu sechsfach unterschiedlichen

Montageaufwand erzeugen können. Die Grunderkenntnisse zur Senkung der Montagekosten waren die Folgenden:

- Reduktion der Anzahl der Montageprozesse durch Reduktion der Teileanzahl (Funktionsintegration)
- Berücksichtigung der Montierbarkeit bei der Teilegestaltung [Boo02].

In den 80er Jahren wurde die Lucas-DFA entwickelt. Sie erfolgt in drei Schritten: Funktionenanalyse, Handlinganalyse und Montageanalyse. Die Funktionenanalyse zielt wie die DFMA nach *Boothroyd* und *Dewhurst* auf die Reduktion der Teileanzahl ab. Im zweiten, den *Boothroyd* und *Dewhurst* erweiternden Schritt werden für jedes Teil die Schwierigkeiten bei der Handhabung identifiziert [Cha03]. Die Montageanalyse enthält die Erstellung eines Prozessgraphen. Der Graph zeigt die geplante Montagereihenfolge auf und analysiert die dafür notwendigen Prozesse. Danach werden die Prozesse in drei Gruppen eingeteilt:

- Fügeprozesse
- Prüf-, Einschraub- oder Schweißprozesse
- Nicht wertschöpfende Prozesse.

Die Lucas-DFA setzt in der frühen Musterphase an. Das bedeutet, dass erste Konstruktionen oder frühe Skizzen vorhanden sein müssen, um die Methode sinnvoll anwenden zu können.

Trotzdem zielt die Lucas-DFA wie die DFMA von *Boothroyd* und *Dewhurst* nur auf die Reduktion der Teilanzahl ab. Die Prozesse werden zwar analysiert und in die drei Gruppen unterteilt, deren genaue Betrachtung bleibt aber aus [And88].

Deshalb muss die DFMA für eine vollständige montagegerechte Fertigungs- und Produktgestaltung auch die Fertigung, also die Prozesse, umfassen. Der Fokus der Methode nach *Moryson* und *Meyer* liegt infolgedessen auf der Prozesssicherheit und der Identifikation von Kosten treibenden Prozessen. Die Analyse basiert auf Prozessen, nicht wie bei *Boothroyd* und *Dewhurst* auf der Produktstruktur. Aus den entwickelten Lösungsansätzen werden Maßnahmen zur Produktgestaltung abgeleitet. Die Problemlösung erfolgt damit in der Entwicklung und nicht in der Fertigung oder Montage des Produkts.

Hierzu ist von *Moryson* und *Meyer* eine methodische Vorgehensweise entwickelt worden, die sich den Anforderungen der „Schlanken Produktion" unterwirft [Mor04]. Sie ist in drei Phasen aufgeteilt:

- Erstellung des Prozessgraphen

- Problemfindung mittels Checkliste
- Prozessbewertung und Maßnahmenfindung.

Die Prozesskette oder der Prozessgraph werden in Anlehnung an die Lucas- DFA in drei Prozessgruppen eingeteilt:

- Wertschöpfende Prozesse
- Nicht wertschöpfende Prozesse
- Prüfprozesse [Mor04].

Die Prozesskette wird von einer Gruppe bestehend aus Entwicklungsprojektleiter, Baugruppenverantwortlichen, Fertigungs- und Montageplanern, Projekteinkauf, Qualitätssicherung und Experten für „Schlanke Produktion" der Reihe nach durchgearbeitet. Nach der Prozessbewertung werden die erarbeiteten Maßnahmen, Änderungsvorschläge festgehalten. Die entsprechenden Verantwortlichen müssen die abgeleiteten Maßnahmen im jeweiligen Bereich durchsetzen und sukzessive ableisten [Mey09]. Den methodischen Ablauf der DFMA nach *Moryson* und *Meyer* zeigt Abbildung 2.17 schematisch.

Abbildung 2.17 zeigt, dass die Optimierung des Produkts am Ende des Produktionsprozesses bei der Endmontage beginnt und gemäß eines Top-down-Ansatzes schrittweise bis zu den Vorprodukten und Rohmaterialien detailliert wird. Nach der Optimierung aus Sicht der Einzelprozesse wird die Sicht auf die Prozessketten oder den gesamten Wertstrom ausgedehnt. Bei der Untersuchung von Prozessketten liegt der Schwerpunkt auf der bestmöglichen Durchführbarkeit der Einzelprozesse und der Variantenbildung. Wird der gesamte Wertstrom betrachtet, steht die ganzheitliche Optimierung des Produktionsprozesses im Vordergrund.

Ein Beispiel veranschaulicht die unterschiedliche Vorgehensweise von *Boothroyd* und *Dewhurst* auf der einen und *Moryson* und *Meyer* auf der anderen Seite. Abbildung 2.18 zeigt ein Beispiel nach *Boothroyd* und *Dewhurst*.

Produktanalyse durchführen

- Analyse bezüglich Varianten und A-Teilen anhand von Stücklisten, Zeichnungen, usw.

Prozessreihenfolge entwickeln (mittels Prozessgraph)

- Unterteilung der Prozesse in Prüfprozesse, wertschöpfende und nicht wertschöpfende Prozesse

- Aufbau einer offenen Punkteliste (OPL) auf Basis der Prozessreihenfolge

Einzelprozesse analysieren und Maßnahmen ableiten

- Prozessgraph wird entgegen der Montagereihenfolge prozessweise analysiert

- Prozesse werden mit Hilfe von Checklisten untersucht, die aus den Anforderungen der schlanken Produktion abgeleitet sind

- Bei Verneinung der Kernfragen Ableitung von das Produktdesign betreffenden Maßnahmen

Einzelprozesse bewerten

- Bewertung in den Kategorien bewährte Prozesse, schlanke Prozesse und robustes Design

- Bewertung sowohl für den Ist-Zustand als auch für den Zustand nach Maßnahmeneinführung

Prozesskette bewerten

- Bewertung anhand von Checklisten bezüglich Zusammenspiel der Einzelprozesse und Erfüllung der Anforderung schlanker Produktion

- Gegebenenfalls Maßnahmen ableiten

Visualisierung/ Controlling

- Darstellung der Einzelprozessbewertung als Histogramm

- Darstellung des Bewertungsergebnisses der Prozesskette

- Darstellung jeweils von Ist-Zustand und Zustand nach Maßnahmeneinführung

- Maßnahmenverfolgung

Review

Abb. 2.17: Methodische Vorgehensweise DFMA modifiziert nach [Mey09]

Vorher:
3 Teile, komplizierte Montage

→ **Reduzierung der Teilezahl**
→ **Vereinheitlichung von Werkstoffen**
→ **Funktionsintegration**

Nacher:
1 Kunststoffteil, einfache Montage, weniger Fehlermöglichkeiten

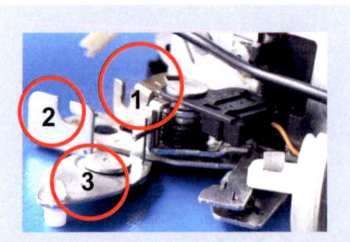 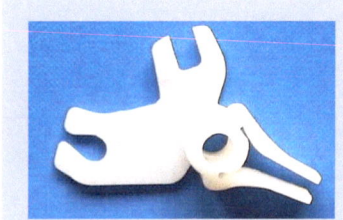

Abb. 2.18: DFMA nach *Boothroyd* und *Dewhurst* modifiziert nach [Mor04]

Abbildung 2.18 zeigt das enorme Potential der Methode von *Boothroyd* und *Dewhurst*. Abbildung 2.19 stellt hingegen ein Problem dar, bei dem diese Methode versagt.

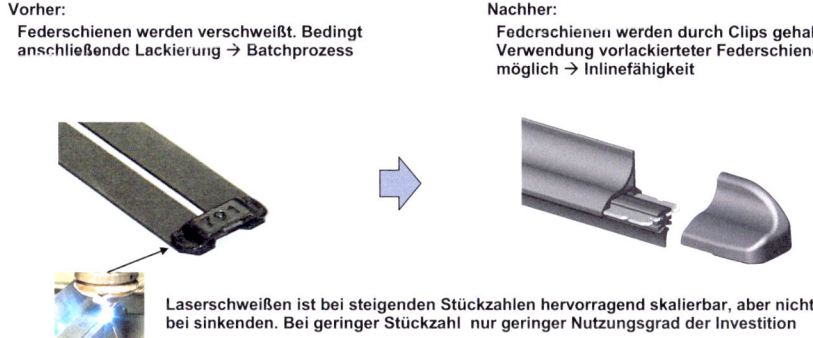

Vorher:
Federschienen werden verschweißt. Bedingt anschließende Lackierung → Batchprozess

Nachher:
Federschienen werden durch Clips gehalten. Verwendung vorlackierter Federschienen möglich → Inlinefähigkeit

Laserschweißen ist bei steigenden Stückzahlen hervorragend skalierbar, aber nicht bei sinkenden. Bei geringer Stückzahl nur geringer Nutzungsgrad der Investition

Abb. 2.19: DFMA nach *Moryson* und *Meyer*

Abbildung 2.19 zeigt, dass nur mittels Betrachtung der Prozesse ein fertigungs- und montagegerechtes Produktdesign erzielt werden kann. Es erfordert den Ansatz von *Moryson* und *Meyer*, weshalb die Vorgehensweise auch die Basis der Methodik bildet. Hierfür gilt die folgende Bewertung.

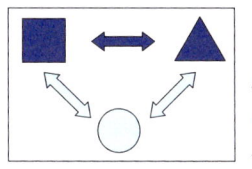

Als Ergebnis liefert die DFMA-Methode eine genaue Untersuchung und Bewertung der Prozesse. Zusätzlich wurden Maßnahmen abgeleitet und festgehalten, um ein fertigungs- und montagegerechtes Produktdesign zu erhalten. Die Maßnahmen werden Verantwortlichen zugeordnet, wodurch die Umsetzung gewährleistet wird.

Durch die Beteiligung relevanter Fachbereiche werden die Akzeptanz der Vorgehensweise und die Umsetzung der erarbeiteten Maßnahmen sichergestellt. Aufgrund der Struktur der Methode ist es möglich, sie zu beliebigen Stadien des Produktentstehungsprozesses einzusetzen.

Die Bewertung der Methode zeigt, dass sie sich hervorragend zur Implementierung in das in Kapitel 3 (Abb. 3.1) dargestellte Prozessmodell integrieren lässt. Dabei bildet die Methode DFMA die Schnittstelle zwischen dem modularisierten Produkt und der Prozessauswahl. Genau die beiden Bereiche bilden auch den Fokus der fertigungs- und montagegerechten Produktgestaltung, so dass die Methode ohne Veränderung in die in Kapitel 3 vorgestellte neue Methodik zu integrieren ist.

2.5 Zusammenfassung

Die komplizierte Planung globaler Produktionsverbünde verlangt ein strukturiertes Vorgehen. Deshalb wurden die in Abschnitt 2.4 thematisierten Methoden analysiert und hinsichtlich der Relevanz für die Entwicklung der Methodik zur Planung globaler Produktionsverbünde bewertet. Die systematische Vorgehensweise ermöglicht die Berücksichtigung aller drei Determinanten neben der Realisierung der Ziele globaler Produktion.

Die Recherchen vor der Entwicklung der erarbeiteten Methodik haben ergeben, dass es bereits einige Lösungsansätze zur beschriebenen Thematik im Forschungsumfeld gibt, die sich jedoch in Relevanz oder Auswirkung unterscheiden. So muss an erster Stelle unterschieden werden, ob das Erarbeitete die Betrachtung oder Verbesserung eines einzelnen Standorts oder einen Produktionsverbund berücksichtigt. Zweitens ist sehr wichtig, ob die Lösungen das Produktdesign, die Prozessgestaltung oder die Standortentscheidung verbessern. Die Einordnung ist im Anschluss an jede Methodenbeschreibung gleich zu Beginn des Fazits zu finden. Die dritte Dimension innerhalb des Schaubilds trifft eine Aussage darüber, ob der Methode ein quantitativer, qualitativer Ansatz oder beides zugrunde liegt.

Die Inhalte der Untersuchungen oder Methoden sind für das Thema von unterschiedlicher Relevanz. Um die Themen miteinander vergleichen zu können, wurden sie in Abbildung 2.20 schematisch gegenübergestellt.

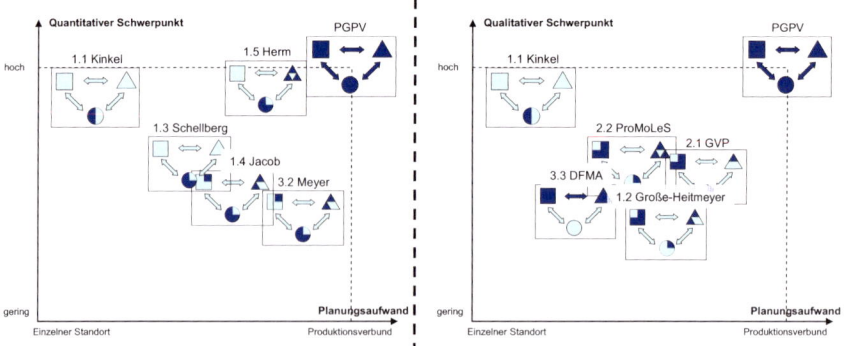

Abb. 2.20: Stand der Technik

Abbildung 2.20 stellt alle in Kapitel 2 bewerteten Methoden einander gegenüber. Ziel der Abbildung ist es, die Relevanz der analysierten Themengebiete zu der in Kapitel 3 zu entwickelnden neuen Methodik darzustellen. Der planerische Bestzustand für die Methodik liegt dabei in beiden Schaubildern rechts oben, da hier von einem Produktionsverbund und einer vollständigen sowohl quantitativen wie auch qualitativen Betrachtungsweise ausgegangen wird. Die Nummern vor dem jeweiligen Methodenautor sind eine verkürzte Abschnittsbezeichnung. 2.4 wird immer als gegeben vorausgesetzt: 1.1 Kinkel bedeutet folglich 2.4.1.1 Kinkel.

Die im folgenden Kapitel vorgestellte neue Methodik vereint die beiden besten Zustände und liefert demzufolge eine bestmögliche Planung globaler Produktionsverbünde (PGPV) sowohl aus quantitativer als auch qualitativer Sicht.

Abbildung 2.20 zeigt deutlich, dass an der Stelle im Entwicklungsumfeld eines Großunternehmens (Tier1) durchaus Potential besteht, eine neue Methodik zu entwickeln, was im folgenden Kapitel gezeigt wird.

3. Neue Methodik zur Planung globaler Produktionsverbünde

Die in diesem Kapitel beschriebene neue Methodik dient als Leitfaden und nicht als unveränderliche Vorgehensweise. Weiterhin hegt die Methodik keinen Anspruch auf Vollständigkeit, da nach der Klärung der Rahmenbedingungen der vollständige Umfang des methodischen Entwurfs ersichtlich wurde. Das in Abbildung 3.25 (Seite 105) gezeigte Phasemodell gibt Aufschluss über den Umfang der gesamten Methodik und den im Rahmen dieser Arbeit behandelten Anteil daran. Dementsprechend sollte die Planung globaler Produktionsverbünde je nach Anforderung des anwendenden Unternehmens erfolgen und auf die jeweilige Situation angepasst werden. In Anlehnung an *Große-Heitmeyer* sind deshalb die wesentlichen Anforderungen an die neue Methodik die Folgenden:

- Systematik,
- Integrierte Produkt-, Prozessbetrachtung und Standortentscheidung,
- Möglichkeit zur Ergänzung durch andere Methoden,
- Modulstruktur der Methode zur situativen Anpassung an spezifische Anwendungsfälle [Gro05].

Der Zusammenhang zwischen den drei Einflussgrößen Produktdesign, Prozessgestaltung und Standortentscheidung erschwert die Separierung einzelner Methodenschritte. Abbildung 3.1 stellt den Ablauf der neuen Methodik dar, der aus Sicht eines Tier1-Unternehmens am sinnvollsten erscheint.

Als Eingangsgrößen stehen für die Methode die Produktidee und die Kundenanforderungen zur Verfügung. Beide Eingangsgrößen beeinflussen in gleichem Maße die Form des daraus resultierenden Produktkonzepts hinsichtlich einer bestimmten Gesamtfunktion des Produkts. Die Gesamtfunktion ist notwendige Bedingung und wird deshalb als Randbedingung aller Methodenschritte festgelegt. Das Produktkonzept bildet gemeinsam mit den Randbedingungen das Ergebnis von Abschnitt 3.1.

Unter Gewährleistung der Gesamtfunktion wird aus der Produktstruktur eine entsprechende Anzahl von Modulen abgeleitet. Die Module können Baugruppen oder auch nur technische Funktionen sein, die das Endprodukt unbedingt erfüllen muss.

Jedes Modul benötigt klare Schnittstellen, um eine Verteilung der Module innerhalb des Produktionsverbunds zu ermöglichen unter Gewährleistung der Montierbarkeit des Produkts am Endmontagestandort.

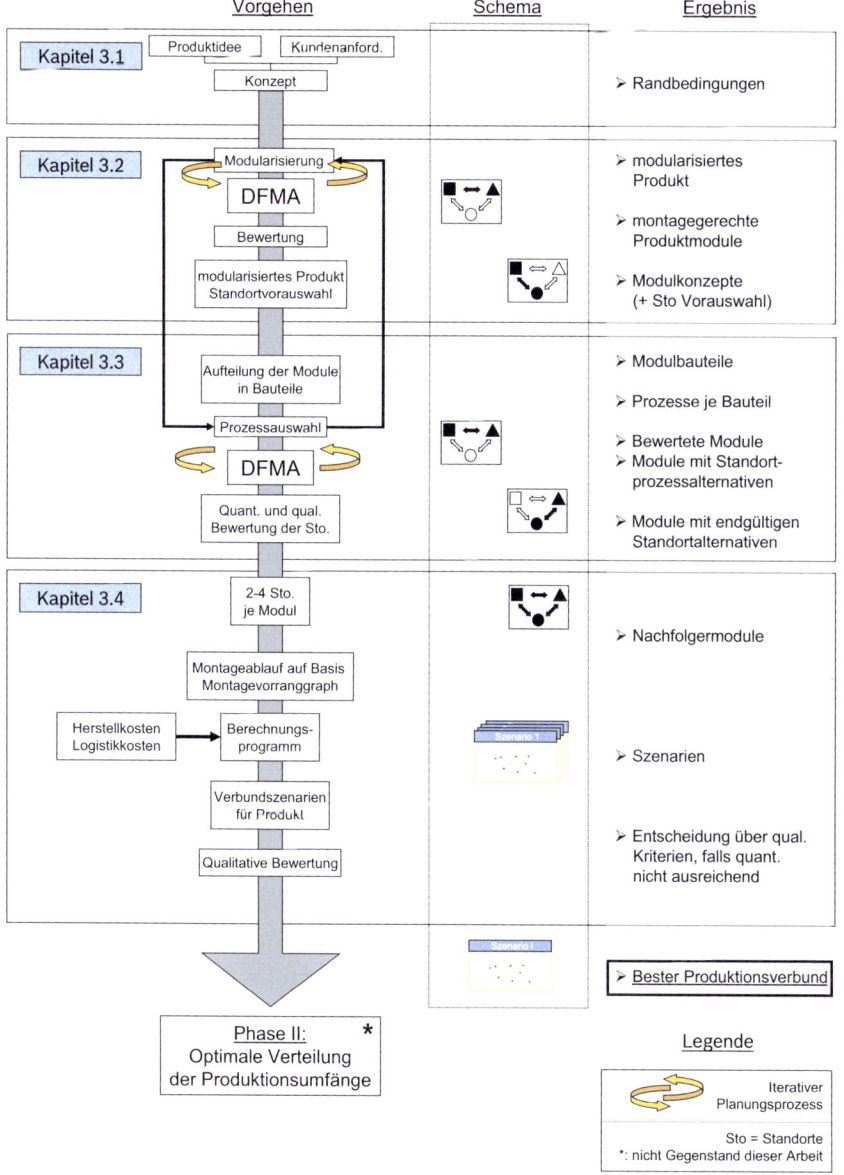

Abb. 3.1: Methodische Vorgehensweise

Deshalb wird so früh als möglich im Produktentstehungsprozess im Rahmen der Methode DFMA das modularisierte Produkt auf Montagegerechtheit überprüft und optimiert. Für die verschiedenen Modulkonzepte wird anschließend eine Standortvorauswahl vorgenommen. Dabei sind diverse Kriterien von entscheidender Bedeutung, die in Form von Checklisten vorliegen und sukzessive abgefragt werden. Die Form der vergleichenden Bewertung liefert das Ergebnis von Abschnitt 3.2, nämlich eine Produktmodulbewertung bezüglich der Eignung für einen globalen Produktionsverbund.

Im Abschnitt 3.3 werden die jeweiligen Produktmodule weiter in Bauteile zerlegt. Ziel des Methodenabschnitts ist eine Prozessauswahl für die jeweiligen Bauteile jedes Moduls. Auch hier sind geeignete Schnittstellen gefordert, um die Montage zu Modulen wieder zu ermöglichen. Deshalb findet erneut eine Bewertung seitens der DFMA statt. Somit bildet die DFMA die Schnittstelle zwischen den beiden Methodenschritten, wie auch die Schnittstelle zwischen den Produktmodulen und den Prozessen (Abschnitt 2.4.3.3). Aufgrund der durchgeführten Standortvorauswahl für beide Determinanten kann von einem ganzheitlichen Lösungsansatz gesprochen werden, der alle drei Einflussgrößen gleichermaßen berücksichtigt.

Zusammengesetzt ergeben die Bauteile wieder Module, die jedoch nun bezüglich deren Kernkompetenz bewertet sind, da bekannt ist, welche Prozesse hinter den Modulen stecken. Durch die abschließende quantitative und qualitative Bewertung der Standorte aus Abschnitt 3.4 werden die Module mit 2 bis 4 endgültigen Standortalternativen zurückgeliefert. Die Begründung für die Anzahl wird am Ende von Abschnitt 3.3 geliefert. Im nächsten Schritt wird der Montageablauf basierend auf dem Montagevorranggraphen festgelegt. Zusätzlich zum Montageablauf werden zur Berechung der Kosten die Herstellkosten benötigt, die für ein bestimmtes Modul an einem bestimmten Standort anfallen. Ebenfalls müssen die Logistikkosten bekannt sein, die für den Transport von einem zum nächsten Standort anfallen. Ist das der Fall, können die Daten in ein Berechnungsprogramm eingegeben werden. Das Programm kalkuliert auf Basis der Kosten sämtliche Verbundsszenarien je Produkt. Eine optionale qualitative Bewertung entscheidet über den besten Produktionsverbund. Die Bewertung erfolgt durch ein Expertenteam, das verantwortlich für den betrachteten Produktionsverbund ist. Sollten der Entscheidergruppe die aufgrund der Kosten ermittelten Produktionsverbundszenarien für eine Entscheidung genügen, ist die qualitative Bewertung überflüssig und nicht durchzuführen. Die nachfolgenden Abschnitte gehen auf die einzelnen Methodenschritte näher und ausführlich ein.

3.1 Randbedingungen der Methode

Bevor mit der Beschreibung der eigentlichen Vorgehensweise begonnen wird, müssen die Randbedingungen für den Lösungsansatz festgelegt werden. Auf dem Themengebiet gibt es grundsätzlich zwei mögliche Vorgehensweisen, eine „Brownfield"- und eine „Greenfield"- Lösung.

„Brownfield"-Lösung bedeutet, dass die Wertschöpfungsstufen eines neuen Produkts innerhalb eines bestehenden Produktionsverbunds verteilt werden. Demzufolge werden die bekannten Produkte neu allokiert, es handelt sich also um die Optimierung eines Ist-Zustands. Dabei kann der bestehende Produktionsverbund um zusätzliche Standorte erweitert werden. Für die neuen Produktionsstätten werden dann zusätzlich die Lage, Kosten, Kapazität und das notwendige Anforderungsprofil erarbeitet. Ebenfalls ist eine vergleichende Bewertung der Herstellungsschritte Gegenstand des Lösungsansatzes, da nur so Fremdvergabepotential ausgewiesen werden kann.

Der „Greenfield"-Lösung liegt eine theoretische Annahme der allerbesten Voraussetzungen als analytischer Benchmark zugrunde. Folglich ist sie eine Vorgehensweise unter Mißachtung sämtlicher Randbedingungen. Eine vergleichende Bewertung über die Fremdvergabe von Herstellungsschritten erfolgt hier ebenfalls.

Die in Kapitel 3 vorgestellte Methodik basiert auf einem „Brownfield"-Lösungsansatz. Dem Optimierungsansatz liegt als Planungskriterium zugrunde, dass sich die Planung eines globalen Produktionsverbunds nicht alleine an den Kosten orientieren darf. Bei einer derartigen Vorgehensweise müssen weitere, schwerer und auch gar nicht quantifizierbare Zielkriterien Berücksichtigung finden. Nicht quantifizierbare Kriterien finden nur als qualitative Faktoren Berücksichtigung in der Methodik. Für solche schwer quantifizierbaren Zielkriterien lassen sich zum Beispiel die Methoden der unscharfen Entscheidungsfindung (Fuzzy Decision Making) einsetzen. Unscharfe Daten werden dabei durch Fuzzy-Zahlen ausgedrückt. Bei vielen Optimierungs-problemen werden derartige unscharfe Werte berücksichtigt [Ban92, Bel70, Ber00, Mik07]. Hierauf wird im Rahmen dieser Arbeit jedoch nicht eingegangen. Der Ansatz wird unterstrichen durch die Aussage von *Fehrenbach*, der erst in der Kombination aus viel Know-how in den traditionellen Werken und Standorten in kostengünstigen Ländern die Wettbewerbsfähigkeit von Großunternehmen gesichert sieht [Feh07, Goe05].

3.1.1 Produktidee und Kundenanforderungen

Die Produktidee auf der einen und die Kundenanforderungen auf der anderen Seite bilden die Grundlage für die Markteinführung eines neuen Produkts. Weil in der Planung und Entwicklung von Produkten rund 70 Prozent der Kosten festgelegt werden [Ger07], muss bereits in frühen Phasen der Produktentwicklung die Herstellung innerhalb eines globalen Produktionsverbunds beachtet werden. Hierzu wird die Gesamtfunktion des Produkts auf diverse Teilfunktionen 1 bis n verteilt, die zur sogenannten Funktionsstruktur zusammengefasst werden. Die Funktionsstruktur gewährleistet die Funktionalität des Produkts und ermöglicht gleichzeitig, dass jeder Teilfunktion mehrere technische Lösungen 1 bis k zugeordnet werden können. Mit Hilfe der technischen Lösungen werden Konzeptentwürfe erstellt, aus denen sich die verschiedenen Modulstrukturen ableiten lassen. Die vielen Modulstrukturen lassen sich nun theoretisch schon Standorten zuordnen, da sie in sich geschlossene Einheiten abbilden.

3.1.2 Produktkonzeption

Die Produktidee und die Kundenanforderungen beeinflussen gleichermaßen die Produktkonzeption. Ziel ist es, die Methode derart zu etablieren, dass ein Austausch zwischen Produktentwicklung und den Planungsabteilungen des globalen Produktionsverbunds entsteht, damit die Aspekte zur Herstellung in einem solchen Verbund ausreichend berücksichtigt werden. *Große-Heitmeyer* (Abschnitt 2.4.1.2) liefert mit dem „globalisierungsgerechten" Produktdesign hierfür einen ersten Ansatzpunkt.

3.2 Interdependenzen zwischen Produkt und Standort

Der erste Methodenschritt liefert einen systematischen Ansatz, wie bereits in der Produktentstehung die Erfordernisse einer global segmentierten Produktion berücksichtigt werden können. Für neue Produktionsformen muss das Produkt modular aufteilbar sein, damit die Herstellung der einzelnen Module den verschiedenen Standorten zugeordnet werden kann. Deshalb wird zu Anfang ein Vorgehensmodell für den Konstruktionsprozess (Abbildung 3.2) entwickelt, in dessen Mittelpunkt die Modulbildung steht. Nachfolgend werden die Module und Standorte auf Basis fachlicher und qualitativer Anforderungen vergleichend bewertet. Abschließend werden die Module den aus Produktsicht geeignetsten Standorten zugeordnet. Die Zuordnung bildet die Schnittstelle zu Abschnitt 3.3, wie es Abbildung 3.1 zeigt.

3.2.1 Randbedingungen

Nach Bauer und Götz lassen sich drei Möglichkeiten von Produktgestaltungsmaßnahmen zusammenstellen:

- Standardisierungsmöglichkeiten in bestehenden Produkten (durch Teilestandardisierung und Materialreduzierung),
- Vereinfachung des Produktaufbaus (Teilereduzierung),
- Produktneukonzeption (Neugestaltung).

Somit kann an bestehenden Produkten nur kurz- bis mittelfristig eine Standardisierung beziehungsweise Vereinfachung des Produktaufbaus greifen, während eine Neukonzeption entsprechend nur bei einem neuen Produkt möglich wird [Bau95]. Diese Aussage zeigt und begründet gleichzeitig, warum in der vorliegenden Methode nur die Produktneukonzeption betrachtet wird und zur Anwendung kommt. Darüber hinaus kommt gegenwärtig verstärkt der Plattformgedanke in die Diskussion. Durch die Verwendung von Plattformen kann die Variantenentstehung im Produktentstehungsprozess nach hinten verschoben werden, wodurch die Fertigungskosten gesenkt werden können. Auf den Plattformge-danken wird jedoch im Rahmen dieser Arbeit nicht eingegangen.

3.2.2 Methodisches Vorgehen

Das Funktionieren eines weltweiten Produktionsverbunds wird dadurch erschwert, dass die Produkte entweder nicht ausreichend modularisierbar sind oder die durch die Produktmodule festgelegten Anforderungen an die Standorte nicht erfüllt werden. Um einen effektiven Produktionsverbund zusammenzustellen, müssen an den Standorten lokale Unterschiede in lokale Vorteile gewandelt werden. Die Standortvorteile ergeben sich aus dem Vergleich der Standortbedingungen mit den Anforderungen, die an den Standort gestellt werden. Die Anforderungen werden auf Produktebene durch die Produkt- und Prozessgestaltung festgelegt [Gro05]. Einen optimalen Standort für alle Anforderungen zu finden, wird nur bei wenigen Produkten gelingen. Enthält ein Produkt beispielsweise sowohl arbeitsintensive als auch Know-how tragende Einzelteile, kann die Fertigung an einem Standort mit geringen Kosten für den Faktor Arbeit erfolgen. Unbeachtet bleiben dabei häufig entstehende Kosten durch den lokalen Know-how-Aufbau oder -Abfluss am Standort. Werden hingegen die Know-how tragenden Einzelteile von den arbeitsintensiven getrennt und der jeweils optimale Standort gesucht, kann den Anforderungen beider Teile entsprochen werden. Folglich steht sowohl die Modularisierung des Produkts als auch die Zuordnung der Module zu Standorten im Fokus des Methodenschritts.

Um eine „richtige" Modularisierung des Produkts zu erreichen, benötigt der Produktentwickler Transparenz über die Auswirkungen seiner Entscheidungen auf den Produktionsverbund. Derartige Entscheidungen bestimmen die qualitativen Anforderungen des Produkts an den Standort maßgeblich. Ebenso werden in der Entwicklung Vorentscheidungen über Produktionsverfahren und Prozessmerkmale wie beispielsweise Durchlaufzeit oder Kapitaleinsatz getroffen [Sch05]. Die qualitativen Anforderungen und die Prozessmerkmale sind wesentlich für die Auswahl der Produktionsstandorte und somit für die Konfiguration des Produktionsverbunds.

In der Produktentwicklung wird daher ein Instrument benötigt, das die Produktanforderungen bewertet, mit den Standortbedingungen abgleicht und Kostenprognosen sowie Verbesserungsmaßnahmen zurückliefert.

Abbildung 3.2 zeigt die Methode im Überblick. Der vorliegende Methodenschritt hat zwei wesentliche Ziele. Zum Einen gibt er direkte Kosteneinwirkungen von

Entscheidungen im Konstruktionsprozess an die Entwicklung zurück und liefert zum Anderen Maßnahmen zur Verbesserung des Produktdesigns.

Auf der linken Seite wird schematisch der typische Verlauf eines Konstruktionsprozesses dargestellt. Der Konstruktionsprozess erfolgt in Anlehnung an *Ehrlenspiel* in fünf Schritten. Ein Beispiel für den Konstruktionsprozess kann Anhang B.1 - B.5 entnommen werden. Am Beispiel einer Taschenlampe werden in Anhang B1 – B.5 die einzelnen Schritte durchlaufen.

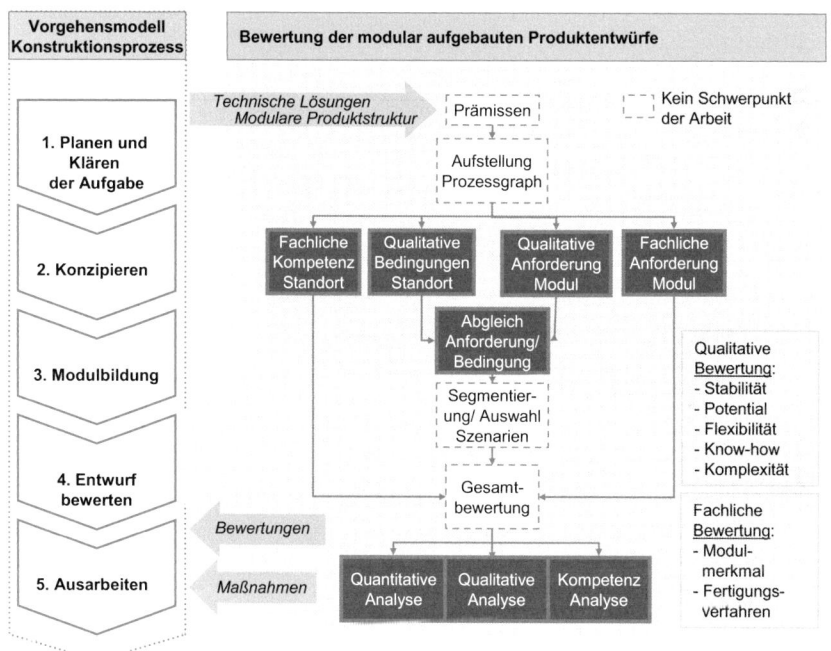

Abb. 3.2: Übersicht Methodenschritt Produkt und Standort

Schritt 1 besteht aus dem Planen und Klären der Aufgabe. Ziel des Schritts ist es, aus den externen und internen Kundenanforderungen auf technische Produktelemente (sogenannte Qualitätselemente) zu schließen. Hierbei unterstützt eine modifizierte Quality Function Deployment (QFD) – Methode, die in Abbildung 3.3 zu sehen ist.

Die ermittelten Kundenanforderungen (Befragungen, Beschwerden) werden in eine Liste aufgenommen und gegebenenfalls ergänzt. Mittels eines paarweisen Vergleichs (Anhang C.7) der Kundenanforderungsliste und deren Gewichtung mit den Produktmerkmalen, der möglichen Modularisierung, den unterschiedlichen Kundenanforderungen und Wettbewerbern entsteht der sogenannte Unterstützungs-grad (Korrelation).

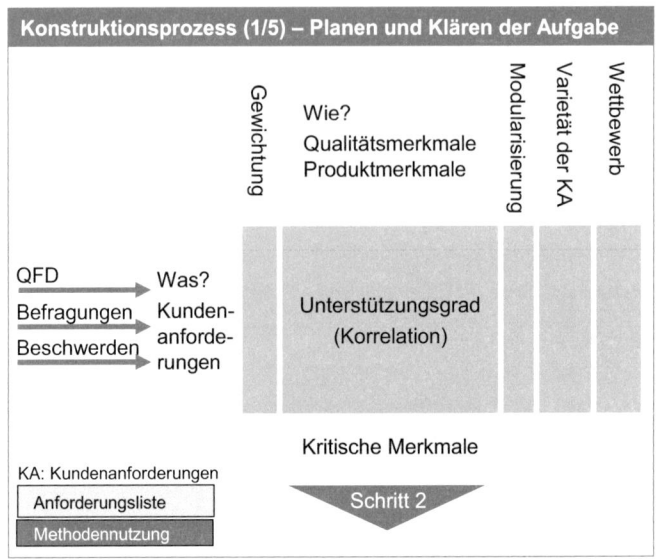

Abb. 3.3: Modifizierte QFD- Methode zur Ermittlung technischer Produktelemente

Er gibt Aufschluss darüber, inwieweit die Produktmerkmale die Kunden zufrieden stellen und das Produkt modularisierbar ist. Der Grad der Modularisierung muss nach *Riitahuhta* gerade bei Produkten, von denen beispielsweise lange Haltbarkeit gefordert wird, Beachtung finden, da Verschleißteile leicht auswechselbar sein müssen, und das nur bei einer hinreichenden Modularisierung gewährleistet ist [Rii01]. Die Korrelation ermöglicht die Ermittlung der kritischen Merkmale der Produkte, die wiederum als Eingangsgrößen für Schritt 2 dienen.

In Schritt 2 erfolgt die Konzeption des Produkts. Durch Ableiten der Produktfunktionen und der Suche nach kritischen Funktionen wird die Erstellung je eines Konzepts ermöglicht. Abbildung 3.4 zeigt den Schritt.
Als Eingangsgröße für den Schritt steht die Anforderungsliste aus Abbildung 3.3 zur Verfügung. Zunächst werden jedoch aus dem Einfluss der Kunden, der Funktionshierarchie, der Funktionsstruktur und den angestrebten technischen

Lösungen die Teilfunktionen strukturiert und abgeleitet. Die Produktfunktionen bilden die Kundenanforderungen und die zugrunde liegende Produktidee ab (Abschnitt 3.1.1).

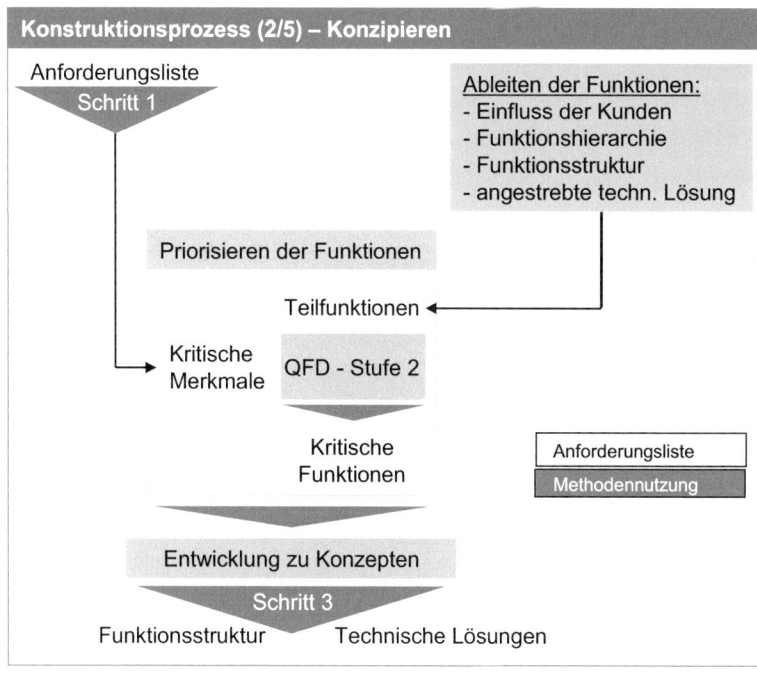

Abb. 3.4: Abbildung der Funktionselemente auf technische Lösungsalternativen

Die Hierarchie der Funktionen sagt aus, wie wichtig das jeweilige Kundenkriterium ist. Die Produktfunktionen werden in einer zweiten Stufe der QFD-Methode mit der Anforderungsliste aus der ersten Stufe verglichen. Das Ergebnis sind kritische Funktionen, die stark auf die vom Kunden geforderten Qualitätsmerkmale einwirken. Folglich wird jedem Funktionselement eine technische Lösungsalternative zugeordnet. Die Lösungsalternativen werden zur Bildung unterschiedlicher Modulkonzepte miteinander kombiniert. Danach müssen die Konzepte hinsichtlich der Herstellungskosten, der technischen Machbarkeit und anhand der Zielwerte, die die kritischen Produktmerkmale liefern, bewertet werden. Die modular aufgebauten Produktkonzepte dienen gemeinsam mit der Funktionsstruktur und den technischen Lösungen als Eingangsgröße für Schritt 3.

Schritt 3 des Konstruktionsprozesses beinhaltet die Bildung von Modulen. Ein Modul ist eine in sich geschlossene Einheit eines Produkts und ist über klare Schnittstellen gegen andere Module eines Produkts abgegrenzt. Die Modulbildung ist erforderlich, um durch die unabhängige Fertig- und Montierbarkeit die Voraussetzungen für eine globale Produktionssegmentierung zu liefern. Ziel des wichtigsten Teilschritts von Abschnitt 3.2.2 ist es, für die Konzepte aus Schritt 2 physikalische Produktstrukturen zu finden. Die Strukturen sind modular aufgebaut und entsprechen infolge der Inhalte der methodischen Vorgehensweise den Anforderungen eines globalen Produktionsverbunds. Abbildung 3.5 zeigt den Schritt vom Produktkonzept zum Produktentwurf schematisch.

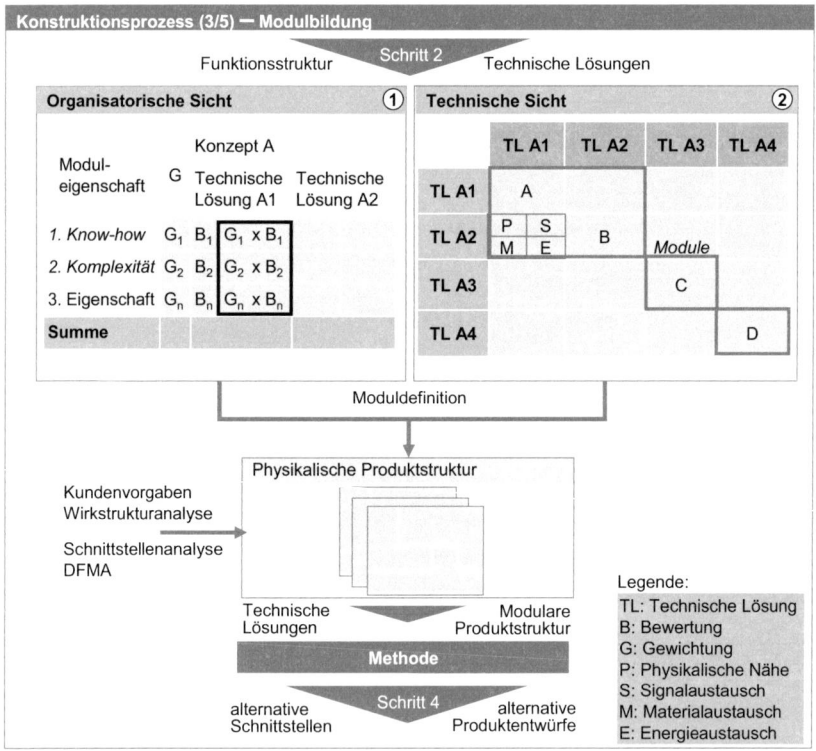

Abb. 3.5: Vom Produktkonzept zum Produktentwurf modifiziert nach [Gra07a]

Die Methode erhält als notwendige Eingangsgröße die Funktionsstruktur und die zugehörigen technischen Lösungen. In Anlehnung an die Modultreiber von *Erixon* erfolgt die Modulbildung zunächst aus „organisatorischer Sicht (1)" [Rii01]. Dabei werden die für ein Produktkonzept (im Schaubild Konzept A) kombinierten technischen Lösungen über den Moduleigenschaften aufgetragen und bewertet. Die Bewertungskriterien, die vor der Bewertung untereinander gewichtet werden (G), sind beispielsweise Know-how und Komplexität. Eine hohe Bewertung beispielsweise in der Kategorie Know-how legt eine Gestaltung der Prinziplösung als Modul nahe, um den Schutz von Erfahrung und Wissen gewährleisten zu können. Die Checklisten zu den Moduleigenschaften sind in Anhang B.6 – B.10 zu sehen.

Der organisatorischen Bewertung folgt die Bewertung aus „technischer Sicht (2)". Dabei werden die Wechselwirkungen zwischen den Prinziplösungen erfasst und durch Wirkstrukturanalysen sowie Untersuchungen physikalischer Abhängigkeiten ergänzt. Die Bewertung dient der Überprüfung der aus organisatorischer Sicht vorgeschlagenen Module auf technische Machbarkeit.

Als Ergebnis aus Schritt 3 stehen alternative Produktentwürfe mit entsprechenden Schnittstellen, die differierende modulare Produktstrukturen und Prinziplösungen enthalten. Um getreu den Prinzipien des Simultaneous Engineering gemäß *Schuh* eine weitere Einschränkung des Lösungsraumes zu gewährleisten, müssen die Produktentwürfe miteinander vergleichend bewertet werden [Sch05a].

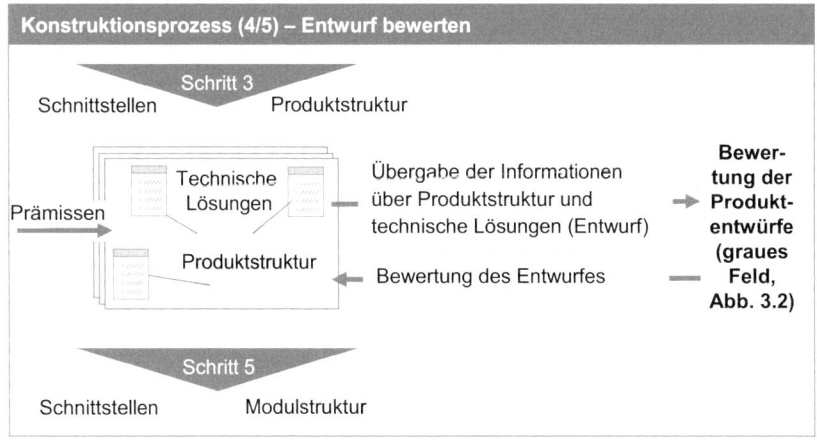

Abb. 3.6: Bewertung alternativer Produktentwürfe [Boe07]

In Schritt 4 wird der Lösungsraum mittels einer vergleichenden Bewertung der qualitativen Modulanforderungen weiter eingeschränkt. Die Bewertung entspricht dem grauen Feld rechts in Abbildung 3.2. Anschließend werden die Anforderungen der Module fachlich und qualitativ bewertet und den am besten dafür geeigneten Standorten in einer Vorauswahl zugeordnet. Durch die Berücksichtigung quantitativer Kriterien wird die Auswahl deutlich verbessert. Abbildung 3.6 zeigt das Vorgehen schematisch.

Als Eingangsgrößen gehen in die Bewertung alternativer Produktentwürfe die physikalische Produktstruktur und die technischen Lösungen ein.

Im Rahmen der Bewertung werden zuerst Prämissen geklärt, die auf unternehmens- oder produktstrategischer Ebene beschlossen sind und innerhalb der Produktentstehung beachtet werden müssen. Bei den Prämissen handelt es sich zum Beispiel um Festlegung der Zielmärkte, Schätzungen der Laufzeit und Vorgaben von Produktionsstandorten. Anschließend wird anhand der Produktstruktur und der technischen Lösungen des zu prüfenden Entwurfs ein Prozessgraph erstellt, der eine mögliche Prozessreihenfolge für die Herstellung des Produkts aufzeigt.

Im grauen Feld der Abbildung 3.2 erfolgt eine qualitative Bewertung jedes Entwurfs anhand der Kriterien Stabilität, Potential, Know-how, Komplexität und Flexibilität. Hierbei werden sowohl der Standort als auch das Produkt beziehungsweise die Module anhand einer dreistufigen Bewertungssystematik nach den Kriterien bewertet. Abbildung 3.7 zeigt beispielhaft das Ergebnis einer Analyse der qualitativen Bewertung für ein Modul.

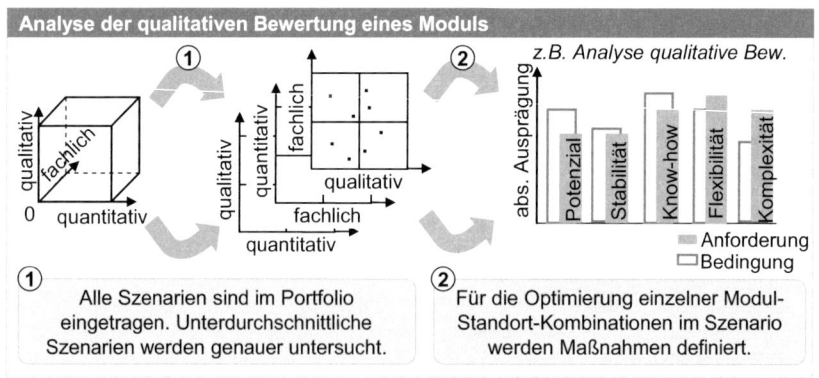

Abb. 3.7: Beispiel: Analyse einer qualitativen Modulbewertung modifiziert nach [Gra07a]

Unterdurchschnittliche Szenarien (Auf allen drei Ebenen auf keiner Achse mehr als 50 Prozent in Abbildung 3.7 links) werden genauer untersucht.

Im Zuge der Auswertung der qualitativen Bewertung wird zunächst die Übereinstimmung von qualitativen Modulanforderungen (graue Balken) und Standortbedingungen geprüft (weiße Balken) (Abbildung 3.7 rechts).

Mit Hilfe der Ranglisten kann aus der Menge der potentiellen Modul-Standort-Kombinationen eine Vorauswahl an Szenarien globaler Produktionsverbünde gebildet werden, die den Produktanforderungen genügen. Es reicht hier nur eine Vorauswahl, da die Prozesse in der Phase noch nicht ausreichend Berücksichtigung finden.

Nach der Betrachtung der qualitativen Überdeckung erfolgt im Anschluss eine Bewertung der fachlichen Kompetenz. Das Ziel der Bewertung ist die Berücksichtigung der fachlichen Eignung bei der Zuordnung der Module zu Standorten aus Produktsicht. Zusätzlich wird dadurch gewährleistet, dass die wirtschaftlichen Ziele des Produkts durch Ausnutzung vorhandener Anlagen und Kompetenzen erreicht werden. Für die fachliche Kompetenzbewertung wird allerdings nur ein Vorschlag erarbeitet, da der Schwerpunkt der fachlichen Bewertung im Abschnitt 3.3 liegt. Der Vorschlag sieht zuerst eine Zerlegung der Module in Subelemente vor, um die jeweiligen Anforderungen zur Sicherstellung der Funktionalität und Qualität zu definieren. Im Abschnitt 3.3 wird aufgezeigt, wie die alternativen Fertigungsverfahren bestimmt werden können. Für die Kombination aus Fertigungsverfahren und Bauteilmerkmalen kann danach ein fachlicher Schwierigkeitsgrad festgelegt werden. Er besagt, wie weit ein Standort ein Fertigungsverfahren fachlich beherrschen muss. Außerdem werden die abbildbaren Schwierigkeitsklassen für die an einem Standort eingesetzten Verfahren ermittelt.

Die resultierende dreidimensionale Analyse der Modulbewertung wird zur Ableitung von Maßnahmen verwendet, die in Schritt 5 in der Ausarbeitung des Produktentwurfs berücksichtigt werden müssen. Da der fünfte Schritt nur eine Ausarbeitung des Produktentwurfs vorsieht, wird hierauf nicht näher eingegangen. Der modular aufgebaute Produktentwurf bildet zusammen mit der Standortvorauswahl eine der Eingangsgrößen für den nächsten Methodenschritt in Abschnitt 3.3.

3.3 Interdependenzen zwischen Prozess und Standort

Im Rahmen des Methodenschritts werden die Einflussgrößen Prozessgestaltung und Standortwahl sowie deren Interdependenzen betrachtet. Ziel des Abschnitts ist es, ein Vorgehensmodell zu entwickeln, womit geeignete Fertigungsverfahren und zugehörige Betriebsmittel für die Produktion der Module, die in Methodenschritt 3.2 als Eingangsgröße erarbeitet wurden, bestimmt werden können. Zusätzlich werden die Ergebnisse aus Abschnitt 3.2 als Eingangsgröße in Abschnitt 3.3 mitaufgenommen, wodurch die Abschnitte miteinander verbunden werden und damit die Einflüsse aller drei Größen berücksichtigt werden. Für die Zuordnung von Betriebsmitteln sind bestehende Datenbanken, auf denen die notwendigen Informationen hinterlegt sind, zwingende Voraussetzung. Der Methodenschritt kann nur unter Zuhilfenahme von Datenbanken die Anwendung und Bewertung sinnvoll unterstützen. Die Datenbank aus dem öffentlich geförderten Projekt „Produktionsverfahren und Montagekonzepte für leistungselektronische Systeme" wird Ende 2008 abgeschlossen sein. Die Datenbank ProMoLeS muss um die fehlenden Verfahren aus der DIN 8580 ergänzt werden, um die Produktentwicklung ausreichend unterstützen zu können. Die Datenbank MAE-P^3 besteht bereits in einem Geschäftsbereich eines Tier1-Unternehmens und soll mittelfristig geschäftsbereichsübergreifend Anwendung finden. Die MAE-P^3 Datenbank muss um die Informationen Betriebsmitteleigenschaften, Kapazitäten und Auslastung erweitert werden, um sie für den Methodenschritt sinnvoll verwendbar zu machen [Rei08]. Basierend auf den ermittelten Betriebsmitteln soll eine Festlegung der für den Produktionsverbund hinsichtlich der Prozesse optimal geeigneten Standorte ermöglicht werden. Das erfolgt unter Berücksichtigung der Anforderungen, die sich aus der Produktion innerhalb globaler Produktionsverbünde ergeben. Die Fertigungsprozesse werden an die unterschiedlichen Standortbedingungen angepasst, um die standortspezifischen Stärken noch besser nutzen können. Das Thema Know-how-Schutz spielt bei der Gestaltung eines globalen Produktionsverbunds ebenfalls eine wichtige Rolle und muss daher bei der Auswahl potentieller Fertigungsstandorte explizit berücksichtigt werden.

Abbildung 3.8 stellt das methodische Vorgehen für den Methodenausschnitt schematisch dar.

Im Abschnitt Eingangsgrößen wird jedem in Abschnitt 3.2 erzeugtem Modul des Produkts eine Vorauswahl potentieller Standorte zugeordnet. Dabei wird die Zahl potentieller Standorte aus Abschnitt 3.2 um diejenigen ergänzt, die sich ebenfalls sehr gut aus prozesstechnischer Sicht eignen. Die Entscheidung „Eigen oder Fremd" gibt vor, welche Module nicht weiter betrachtet werden müssen, wenn die Produktion der Module ohnehin an einen Zulieferer abgegeben wird.

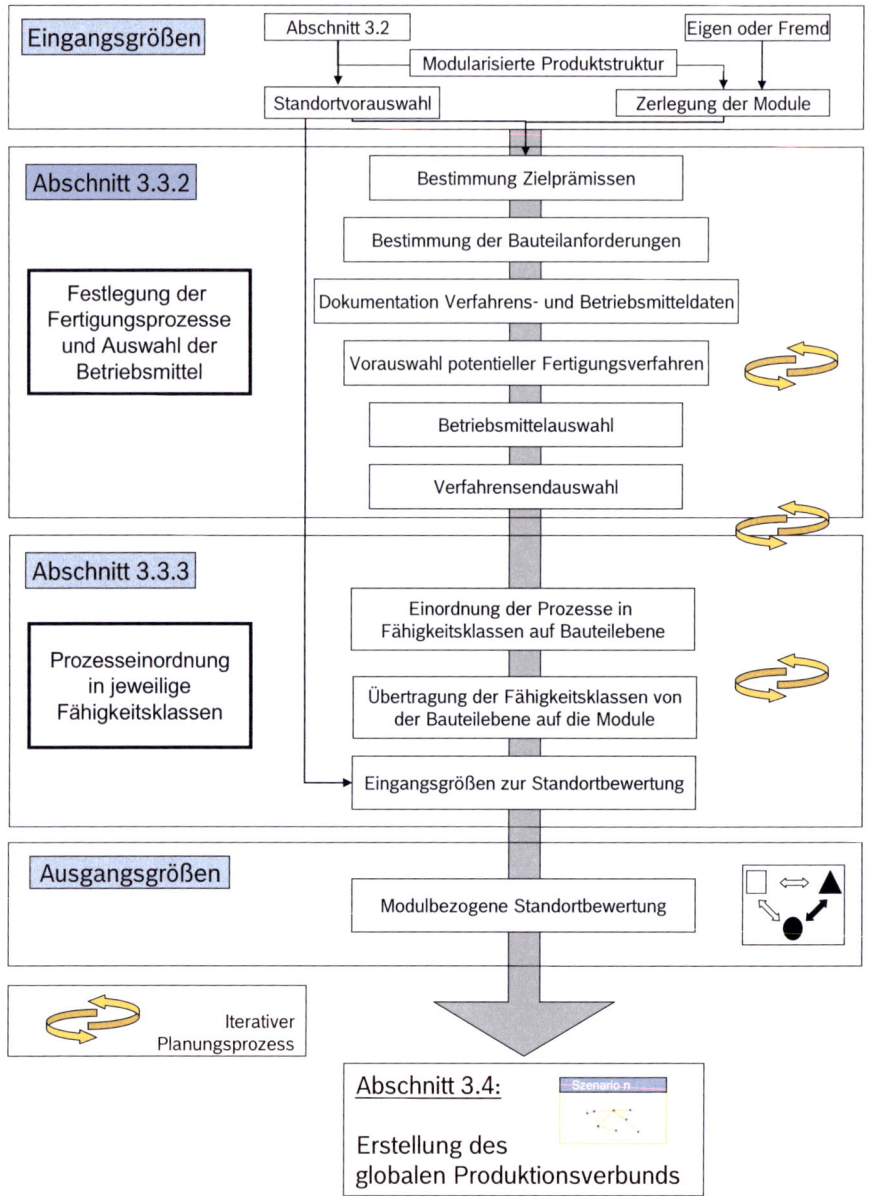

Abb. 3.8: Vorgehensmodell Interdependenzen zwischen Prozess und Standort

Der zweite Abschnitt des Methodenschritts beinhaltet die Festlegung der Fertigungsprozesse und die Betriebsmittelauswahl. Zunächst müssen die

Zielprämissen geklärt und die Bauteilanforderungen ermittelt werden. Aus den Eingangsgrößen werden fertigungsrelevante Informationen abgeleitet, woraus sich die notwendigen Fertigungsverfahren ergeben. Sind die Fertigungsverfahren bekannt, können die vorhandenen Betriebsmittel ausgewählt werden. Mit der Bestimmung der anfallenden Kosten für die ausgewählten Fertigungsverfahren und der qualitativen Bewertung der Betriebsmittel wird die Verfahrensendauswahl möglich. Ob nun die „kostengünstigste" oder eine „andere" Verfahrensalternative den Zuschlag bekommt, entscheidet das Expertenteam.

In Schritt 3 der Abbildung 3.8 werden die Prozesse in Fähigkeitsklassen eingeordnet. Sie erfolgt in zwei Schritten: Zum Einen werden die Prozesse in Fähigkeitsklassen auf Bauteilebene eingeordnet, zum Anderen werden die Fähigkeitsklassen aus der Bauteilebene auf Modulebene übertragen. Der Abschnitt liefert als Ergebnis die notwendigen Informationen, die zur Standortbewertung notwendig sind.

Im letzten Abschnitt des Methodenschritts wird eine auf die Module bezogene Standortbewertung vorgenommen. Die Bewertung schließt das Abhängigkeitsverhältnis zwischen Produkt, Prozess und Standort ab und liefert die notwendigen Informationen zur Erstellung globaler Produktionsverbundsszenarien.

Nachfolgend wird auf die einzelnen Abschnitte des Methodenschritts ausführlich eingegangen.

3.3.1 Eingangsgrößen

Der Abschnitt Eingangsgrößen in Abbildung 3.8 bildet den Übergang zwischen den Abschnitten 3.2 und 3.3. Er hat zwei wesentliche Ziele:

- Die Standortvorauswahl
- Die Zerlegung der Module in Baugruppen.

Um die Vielfalt möglicher Standorte, die sich bei der Bildung globaler Produktionsverbünde ergibt, zu reduzieren, muss zunächst eine Vorauswahl getroffen werden, welche Standorte für die Herstellung der Module in Frage kommen.

Besonders bei Großunternehmen, also Unternehmen mit besonders vielen Standorten, ist eine Vorauswahl zwingend erforderlich.

Bei konzernähnlichen Unternehmensgrößen ist eine erste Trennung nach Geschäftsbereichen zu empfehlen. Langfristig kann und vor allem sollte eine geschäftsübergreifende Standortanalyse erfolgen, das ist aber nicht Gegenstand der Arbeit.

Zunächst werden Standorte betrachtet, die im vorangegangenen Methodenschritt aus dem Abgleich zwischen Produkt und Standort hervorgegangen sind. Hinzu kommen Standorte als strategische Vorgabe, sei es wegen einer beabsichtigten Stärkung oder Sicherung eines Standorts oder sei es aus Kapazitätsgründen. Weiterhin werden noch jene Standorte hinzugenommen, die aus Prozesssicht besonders geeignet sind.

Die Endmontagestandorte werden aus strategischen Gründen marktnah ausgerichtet. Dadurch lassen sich Kunden zufriedenstellen und Local Content-Anforderungen erfüllen. Lokale Kundenpräferenzen erfordern beispielsweise eine Produktion vor Ort oder eine Produktion mit anderen Werkstoffen [Mey06]. Deshalb erfolgt für den Endmontagestandort keine weitere Untersuchung im Rahmen der Arbeit.

Abschließend wird darauf hingewiesen, dass jeder Standort - neben den aus Produktsicht geeigneten - den Planungsaufwand drastisch erhöht. Deshalb sollte die Anzahl zusätzlicher Standorte sehr gering gehalten werden.

Um die Fertigungsalternativen eines Moduls bestimmen zu können, muss das Modul zunächst in seine Bauteile zerlegt werden. Sind alle Bauteile eines Produkts erfasst, erfolgt danach die „Make or Buy" - Entscheidung. Wie in Abbildung 3.8 zu sehen ist, verschafft die Entscheidung dem Methodenschritt eine Schnittstelle nach außen. Das ist sehr wichtig, da so alternative Teilevarianten berücksichtigt werden können. Nach Hofmaier, Kißler, Lane und Mehl hat der Wandel in den Abnehmer-Zuliefer-Beziehungen bereits zu gravierenden Umbrüchen und neuen Strukturen auf Zuliefermärkten und in Lieferbeziehungen, aber auch zu neuen industriestrukturellen und arbeitspolitischen Problemen geführt [Hof92]. Daraus lässt sich als Fazit eine Konvergenz der Rationalisierungsstrategien und der realisierten Form zwischenbetrieblicher Zusammenarbeit ableiten [Dei92]. Der internationale Prozess der Annäherung zwischenbetrieblicher Strukturen und Abläufe zielt bis heute auf eine systematische und unternehmensübergreifende Reorganisation der Wertschöpfungskette ab, weswegen sich für die Auswahl alternativer Teilevarianten völlig neue Möglichkeiten ergeben. Die Möglichkeit gilt es auch im Rahmen der Vorgehensweise zu nutzen, um keine Optimierungspotentiale zu vergeben.

Die „Make or Buy" - Entscheidung ist nicht Gegenstand der vorliegenden Arbeit.

Im Abschnitt 3.3.2 werden basierend auf den ermittelten Eingangsgrößen die Fertigungsprozesse für jedes Bauteil festgelegt und die zugehörigen Betriebsmittel ausgewählt.

3.3.2 Festlegung der Fertigungsprozesse und Betriebsmittelauswahl

Ziel des Abschnitts ist, die Fertigungsprozesse und Betriebsmittel zur Herstellung der einzelnen Bauteile eines Moduls festzulegen. Das schematische Vorgehen wird in Abbildung 3.8 beschrieben.

Zur Auswahl von Fertigungsverfahren und Betriebsmitteln müssen im Schritt Verfahrensvorauswahl die Zielprämissen geklärt werden. Eine Prämisse kann beispielsweise sein, ob das Unternehmen in dessen Strategie eine Kostenführerschaft oder Technologieführerschaft verfolgt. Die jeweilige Strategieform ist elementar bei der Wahl eines geeigneten Fertigungsverfahrens.

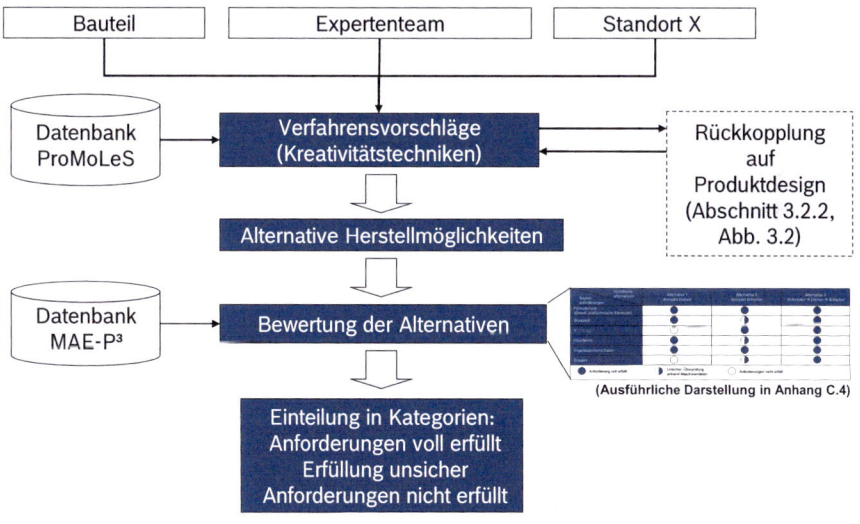

Abb. 3.9: Verfahrensvorauswahl

Nachdem die Eingangsgrößen für alle Bauteile ermittelt wurden, werden danach die fertigungsrelevanten Daten ausgelesen. Derartige Informationen können beispielsweise genaue Abmessungen des Bauteils oder einzuhaltende Toleranzen bei dessen Fertigung sein. Zur Auswahl geeigneter Fertigungsverfahren und

Betriebsmittel müssen zudem Informationen über die Fertigungsverfahren und Betriebsmittel zur Verfügung stehen. Sie werden durch Datenbanken bereit gestellt (Abbildung 3.9).

Aus Abbildung 3.9 wird ersichtlich, dass es zwei Datenbanken gibt, die in direktem Zusammenhang mit der Arbeit stehen. Die Datenbank aus dem öffentlich geförderten Projekt ProMoLeS ist noch in der Konzeptphase. Nach Abschluss des Projekts Ende 2008 wird die Datenbank die Auswahl von Fertigungs- und Montageverfahren speziell für die Leistungselektronik unterstützen. Ist die Datenbank etabliert, müssen die fehlenden Verfahren der „herkömmlichen" Fertigung wie beispielsweise das Runddrehen seitens Expertenteams sukzessive ergänzt werden, so dass jede Form von Prozessen durch sie abbildbar wird. Die DIN 8580, im Anhang C.1 zu finden, stellt die bekannten und gängigen Verfahren dar. Das Datenbankkonzept ProMoLeS verbindet die Betrachtungsebenen Bauteile, Funktion und Prozess miteinander, so dass der Anwender beispielsweise von Bauteil per Querverweis zu Funktion und Prozess gelangen kann. Dadurch können den Bauteilen die entsprechenden Fertigungsverfahren zugeordnet werden. Mit Hilfe der Datenbank werden bereits bei der Produktgestaltung mögliche Fertigungsverfahren für ein bestimmtes Bauteil und somit Prozessalternativen aufgezeigt. Verfahren, die einen kostengünstigeren oder sicheren Prozess gewährleisten, werden so ergänzend zur Verfügung gestellt. Wie in Abbildung 3.9 ersichtlich wird, liefert die Datenbank als eine Art Kreativitätsförderung Verfahrenvorschläge, die von der Entwicklung weiter diskutiert werden müssen. Die alternativen Herstellmöglichkeiten werden im nächsten Schritt weiter bewertet.

Hierbei wird als Unterstützung die Datenbank MAE-P^3 genutzt. MAE-P^3 ist eine Datenbank, die sämtliche Maschinen, Anlagen, Einrichtungen, Prozesse, Produkte und Planungen aus den Fertigungslinien eines Geschäftsbereichs enthält. Sukzessive werden in die MAE-P^3 die Prozesse und Betriebsmittel jedes Standorts aufgenommen. Durch die Eingabe eines Standorts, einer Abteilung oder Linie liefert MAE-P^3 die entsprechenden Informationen über die dort nutzbaren Prozesse und vorhandenen Betriebsmittel. Die Informationen sind für den standortspezifischen Planer bei der Suche nach geeigneten Fertigungsverfahren eine große Hilfe [Rei08]. Es ist sinnvoll, die geschäftsbereichsinterne Datenbank als zentrale Datenbank im gesamten Unternehmen einzusetzen. Dadurch können einerseits viele Vorteile genutzt werden, andererseits muss beispielsweise die Unternehmensstruktur signifikant geändert werden, was einen sehr hohen Aufwand bedeutet. Deshalb erfolgt in der vorliegenden Arbeit immer nur eine geschäftsbereichsinterne Betrachtung.

Die Abbildungen beider Datenbankkonzepte sind im Anhang C.2 und C.3 dargestellt.

Die Prozessalternativen werden in Folge der Bewertung im nächsten Schritt in drei Kategorien eingeteilt. Sie erfüllen die Anforderungen

- voll
- nicht, oder aber
- die Erfüllung ist unsicher.

Die kleine Beispieltabelle zur Bewertung der Prozessalternativen in Abbildung 3.9 ist genauso wie eine detaillierte Vorgehensweise der Verfahrensvorauswahl im Anhang C.4 dargestellt.

Den nächsten Schritt innerhalb des Methodenabschnitts bildet die Betriebsmittelauswahl. Ziel des Abschnitts ist es, von Fertigungsverfahren zu Maschinen je Bauteil zu gelangen. Die Maschinen werden anschließend sowohl aus qualitativer und quantitativer Sicht vergleichend bewertet, um eine Rangfolge von Maschinen an die Verfahrensendauswahl übergeben zu können.

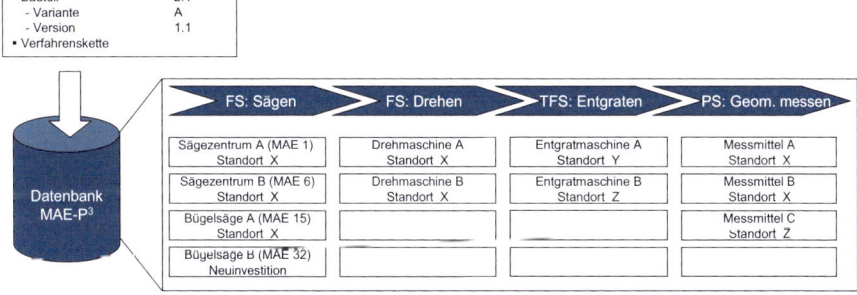

FS – Fertigungsschritt, PM – Produktionsmittel, PS – Prüfschritt, TFS – technologisch bedingter Folgeschritt

Abbildung 3.10: Produktionsmittelmatrix beispielsweise für ein Bauteil 2.1, Verfahrenskette 1 und Standort X (Quelle: modifiziert nach [Eve05])

Zunächst muss nach *Eversheim* eine Produktionsmittelmatrix erstellt werden, um sämtliche Verfahren abzubilden, die für die Herstellung eines Bauteils erforderlich sind [Eve05]. Die vorhandenen Betriebsmittel eines bestimmten Standorts können der Datenbank MAE-P^3 entnommen werden. Gibt es für ein Verfahren keine Maschine an einem Standort, sollte nachgeprüft werden, ob das Verfahren an einem anderen Standort zur Verfügung steht und ausreichend Kapazität hat, bevor mehr

Kapital gebunden wird. Die Maschinen werden dann ebenfalls in die Produktionsmittelmatrix aufgenommen. Abbildung 3.10 zeigt eine Produktionsmittel-matrix exemplarisch.

Aus der Matrix lassen sich alle Betriebsmittel ersehen, die entweder Kapazitäten frei haben oder die einen bestimmten Verfahrensschritt beherrschen. Für jeden Standort wird die verfügbare Prozesstechnologie geliefert. Welche Anschaffungen notwendig sind, wird ebenfalls aus der Produktionsmittelmatrix ersichtlich. Eine Produktionsmittelmatrix ist für jedes Bauteil, alle zur Fertigung möglichen Verfahrensalternativen sowie jeden betrachteten Standort zu erstellen. Die MAE-P3 Datenbank unterstützt den Abgleich zwischen den benötigten Prozessschritten und den verfügbaren Prozessen und Betriebsmitteln aller Standorte.

Mit den Produktionsmittelmatrizen erfolgt eine dreistufige und vergleichende Bewertung aller aufgelisteten Betriebsmittel mit dem Ziel, die optimale Maschine auszuwählen. Dabei unterstützt das in Abbildung 3.11 dargestellte Vorgehensmodell. Für die Betriebsmittelauswahl sind zunächst als Eingangsgrößen die Verfahrensvorauswahl, die Prämissen seitens der Fertigungsplanung und die Bauteilanforderungen notwendig. Die Betriebsmittel werden nun auf die Erfüllung der Bauteilanforderungen untersucht. Dabei stehen eine Reihe von K.O.- Kriterien zur Verfügung. Kann ein Betriebsmittel nicht alle Kriterien erfüllen, wird es – egal in welcher Stufe des Vorgehensmodells es sich befindet – aus der Produktionsmittelmatrix entfernt.

In Stufe I wird mit Hilfe der Datenbank MAE-P^3 eine Vorauswahl der Betriebsmittel getroffen. Die Vorauswahl erfolgt durch den Abgleich der Bauteilanforderungen mit den auf der Datenbank hinterlegten Maschinendaten. Eine Liste der Maschinendaten kann Anhang C.5 entnommen werden.

Dem Ergebnis aus der Datenbankvorauswahl folgt in Stufe II die manuelle Vorauswahl. Die Vorauswahl wird durch das Expertenteam vorgenommen und basiert auf den in Abbildung 3.11 ersichtlichen Daten.

In Stufe III finden sich die Betriebsmittel wieder, die sich aus sowohl Datenbank- wie auch Expertensicht dazu eignen, die erforderlichen Bauteilanforderungen zu erfüllen. Die Betriebsmittel sind nun auf eine überschaubare Anzahl reduziert worden, was in Abbildung 3.11 rechts schematisch dargestellt wird. Im nächsten Schritt werden die verbliebenen Maschinen nochmals im Detail aus quantitativer und qualitativer Sicht vergleichend bewertet, um ein optimales Planungsergebnis zu erreichen.

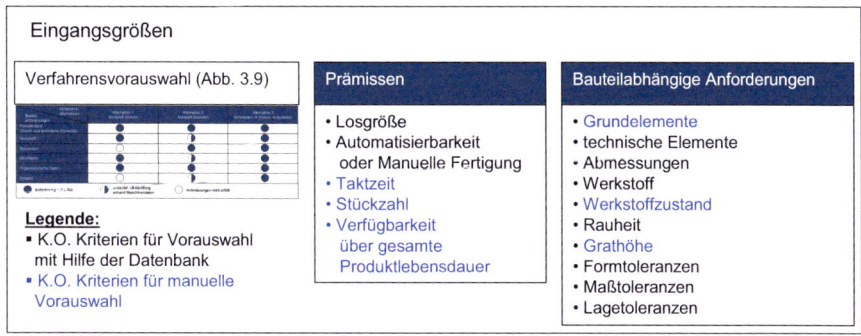

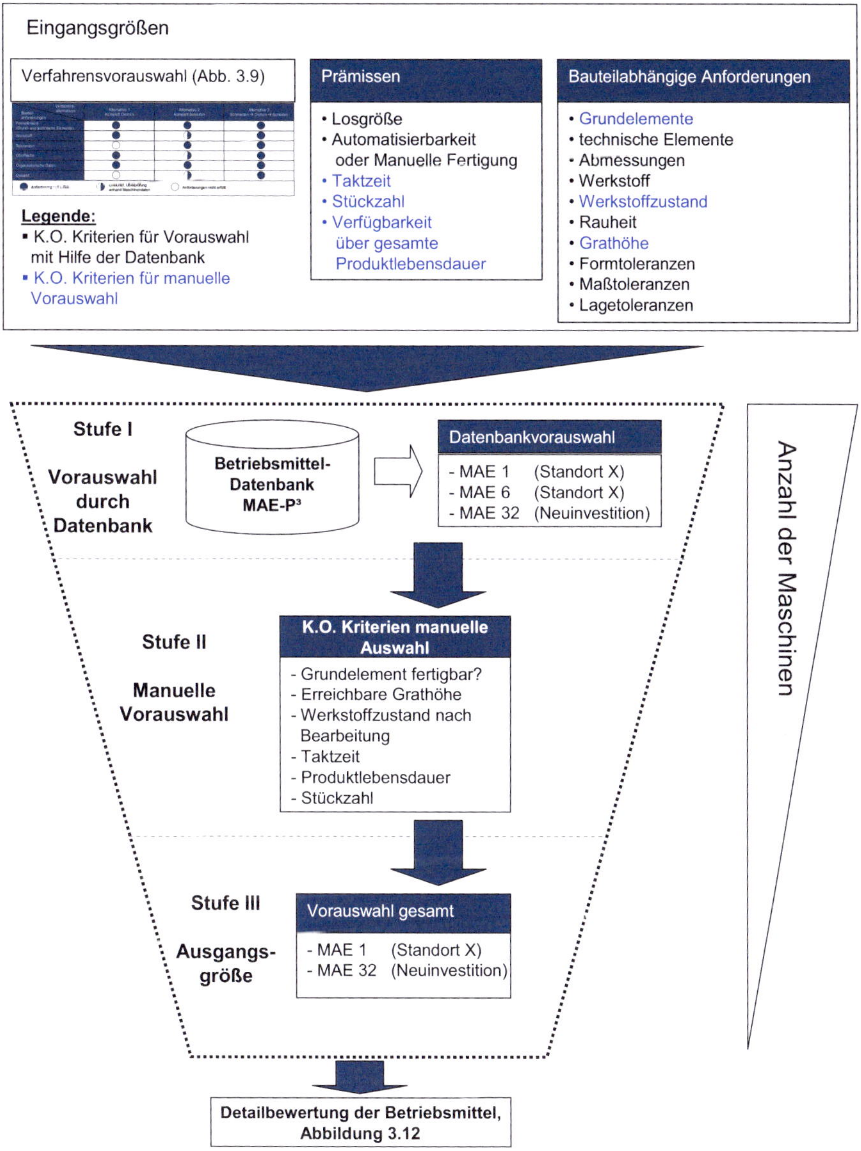

Eingangsgrößen

| Verfahrensvorauswahl (Abb. 3.9) | **Prämissen** | **Bauteilabhängige Anforderungen** |

Prämissen
- Losgröße
- Automatisierbarkeit oder Manuelle Fertigung
- Taktzeit
- Stückzahl
- Verfügbarkeit über gesamte Produktlebensdauer

Bauteilabhängige Anforderungen
- Grundelemente
- technische Elemente
- Abmessungen
- Werkstoff
- Werkstoffzustand
- Rauheit
- Grathöhe
- Formtoleranzen
- Maßtoleranzen
- Lagetoleranzen

Legende:
- K.O. Kriterien für Vorauswahl mit Hilfe der Datenbank
- K.O. Kriterien für manuelle Vorauswahl

Stufe I

Vorauswahl durch Datenbank

Betriebsmittel-Datenbank MAE-P³

Datenbankvorauswahl
- MAE 1   (Standort X)
- MAE 6   (Standort X)
- MAE 32   (Neuinvestition)

Stufe II

Manuelle Vorauswahl

K.O. Kriterien manuelle Auswahl
- Grundelement fertigbar?
- Erreichbare Grathöhe
- Werkstoffzustand nach Bearbeitung
- Taktzeit
- Produktlebensdauer
- Stückzahl

Stufe III

Ausgangs-größe

Vorauswahl gesamt
- MAE 1   (Standort X)
- MAE 32   (Neuinvestition)

Anzahl der Maschinen

Detailbewertung der Betriebsmittel, Abbildung 3.12

Abb. 3.11: Dreistufige Betriebsmittelauswahl

Die Detailbewertung besteht aus einer Kostenvergleichsrechung (quantitativ) und aus einer Nutzwertanalyse (NWA, qualitativ). Die Bewertungen verlaufen unabhängig voneinander. Abbildung 3.12 zeigt die Vorgehensweise der Bewertung schematisch.

qualitativ   quantitativ

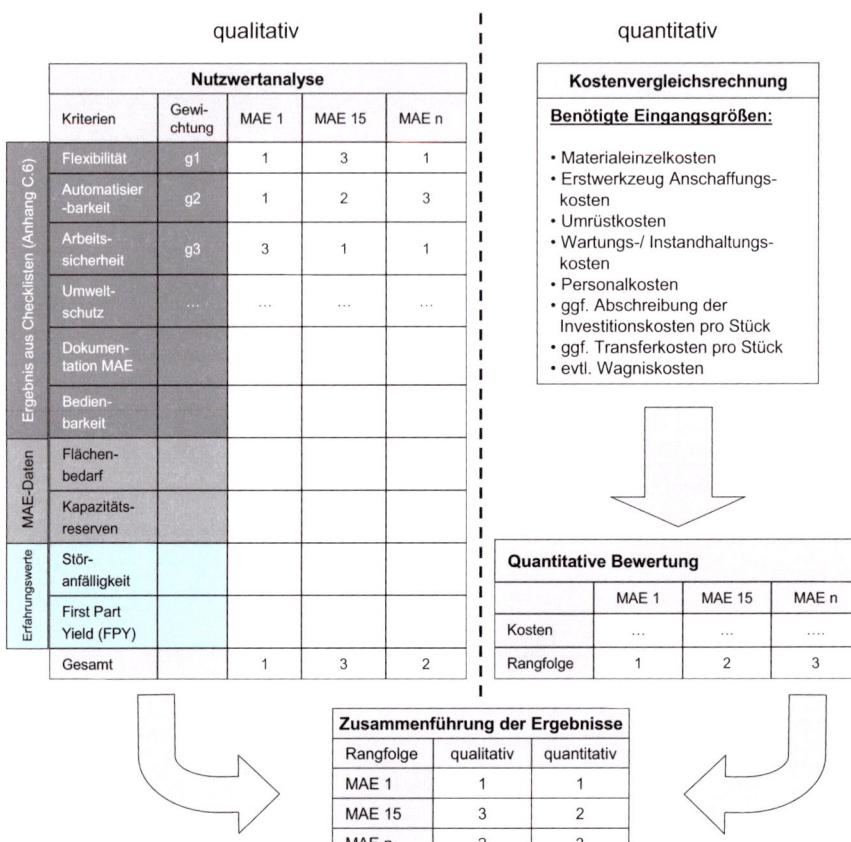

Abb. 3.12: Quantitative und qualitative Detailbewertung der Betriebsmittel

Bei der qualitativen Bewertung (NWA) werden dreierlei Felder von Eingangsgrößen betrachtet. Das sind dunkelgrau die Ergebnisse aus den Checklisten, die Anhang C.6 zu entnehmen sind, hellgrau die MAE-Daten (MAE: Maschinen, Anlagen, Einrichtungen) aus der Betriebsmittelwahl und hellblau die Erfahrungswerte des Expertenteams. Die Kriterien werden zunächst gegeneinander gewichtet und in der ersten Spalte eingetragen. Die übrigen Felder der Matrix (weiß) werden mit Hilfe der Methode des paarweisen Vergleichs bestimmt. Am Beispiel Flexibilität wird die Methode in Anhang C.7 erläutert. Die Methode des paarweisen Vergleichs kann auch bei der Bestimmung der Gewichtung für die Nutzwertanalyse unterstützen. Durch Ermittlung der Rangfolge der Bewertungskriterien ist es einfacher, die Gewichtungen festzulegen.

Die quantitative Bewertung (Kostenvergleichsrechnung) basiert auf rein monetär abbildbaren Kriterien. Die Kriterien sind in Abbildung 3.12 rechts als „Benötigte Eingangsgrößen" zu finden. Durch Summation der jeweiligen Werte pro MAE wird eine Rangfolge leicht erkennbar.

Bei der Zusammenführung der Ergebnisse wird deutlich, dass das Ergebnis nicht einfach zu deuten ist. MAE 1 eignet sich hervorragend, MAE 15 und MAE n sind im Beispiel aber gleichauf. Jetzt muss das Expertenteam entscheiden, ob die Technologieführerschaft (qualitativ muss niedrig sein, also MAE n) oder die Kostenführerschaft (quantitativ muss niedrig sein, also MAE 15) wichtiger ist. Das Ergebnis zeigt Potentiale auf, lässt aber den Experten die gewünschte Planungsfreiheit. Die Detailbewertung liefert dem Anwender für ein bestimmtes Bauteil eine Rangfolge an Maschinen und muss für jedes Bauteil durchgeführt werden. Mit der Rangfolge an MAE kann im nächsten Schritt das endgültige Verfahren ausgewählt werden.

In der Verfahrensendauswahl wird die Entscheidung darüber getroffen, welches Verfahren letztlich zum Einsatz kommt. Liefert die Verfahrensvorauswahl nur ein Ergebnis, entfällt der Schritt logischerweise. Gibt es für das Verfahren keine Betriebsmittel, dann muss erneut die Verfahrensvorauswahl Anwendung finden. Sie unterstützt bei der Suche nach alternativen Fertigungsverfahren. Abbildung 3.13 zeigt den Methodenschritt schematisch.

Abbildung 3.13 zeigt alle Informationen, die wie hier beispielsweise für das Bauteil 1.1 bekannt sind. Mit Hilfe der im Schritt Betriebsmittelauswahl ermittelten Kosten lassen sich wie in Abbildung 3.13 die Verfahrensstückkosten für jede Fertigungsalternative berechnen. Danach entscheidet das Expertenteam unter Berücksichtigung der Zielprämissen über das endgültige Fertigungsverfahren für ein bestimmtes Bauteil. Bevor die Standortbewertung für die Module vorgenommen werden kann, müssen die im Abschnitt 3.3.2 ermittelten Fertigungsverfahren in Fähigkeitsklassen eingeordnet werden. Die Vorgehensweise für den Teil des Methodenschritts zeigt Abschnitt 3.3.3.

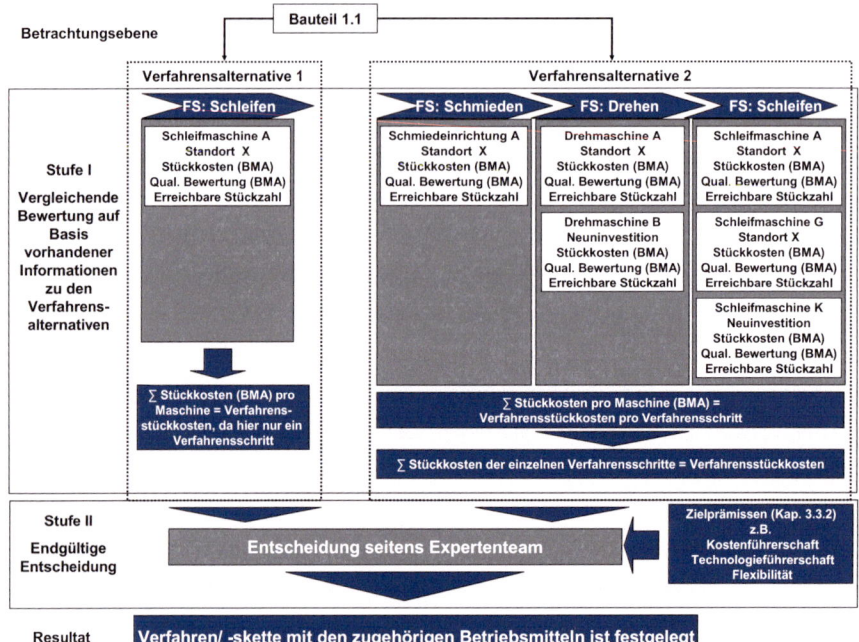

Abb. 3.13: Verfahrensendauswahl

3.3.3 Prozesseinordnung in Fähigkeitsklassen

Ziel des Abschnitts ist es, die festgelegten Prozesse näher zu beleuchten und in unterschiedliche Fähigkeitsklassen einzuteilen. Die Fähigkeitsklasse gibt Aufschluss darüber, ob der Prozess eine Standard-, Schlüssel- oder Kernfähigkeit darstellt. Zunächst wird die Einordnung auf Bauteilebene vorgenommen, bevor die Ergebnisse auf das gesamte Modul übertragen werden.

Bei der Einordnung der Verfahrensketten in die drei Fähigkeitsklassen wird die gesamte Verfahrenskette betrachtet. Die Einordnung erfolgt mit Hilfe einer Checkliste, die Anhang C.8 zu entnehmen ist. Zunächst werden die Kriterien gegeneinander gewichtet und danach bezüglich der Kern-, Schlüssel- und Standardfähigkeit vergleichend bewertet. Das Gesamtergebnis setzt sich zusammen aus der Summe aller Produkte eines bewerteten Kriteriums mit der Gewichtung. Die Fähigkeit mit dem höchsten Ergebnis trifft dann am ehesten auf den bewerteten Prozess zu und liefert die Einteilung in eine der drei Klassen.

Prozesse oder Bauteile mit der Einordnung Standardfähigkeit sollten bei der „Make or Buy"- Entscheidung Berücksichtigung finden, da sich hier Einsparpotentiale ergeben können.

Die bauteilspezifische Einordnung wird auf das Modul übertragen, um eine Aussage über das ganze Modul zu erhalten. Bildet ein Modulbauteil eine Kernfähigkeit ab, ist das gesamte Modul als Kernfähigkeit zu betrachten. Problematisch zeigt sich die Schlüsselfähigkeit: Abbildung 3.14 zeigt eine Näherung für das Problem.

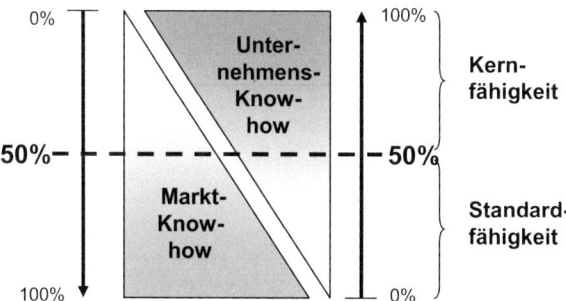

Abb. 3.14: Zuordnung der Schlüssel- zur Kern- oder Standardfähigkeit

Unter Schlüsselfähigkeit werden Wettbewerbsvorteile oder –vorsprünge verstanden. Sie basieren auf einem Verhältnis zwischen unternehmensspezifischen und am Markt verfügbarem Know-how (Wissen und Können). Schlüsselfähigkeiten haben einen erheblichen Einfluss auf Funktion, Qualität und Kosten einer jeweiligen Leistung. Ist der unternehmensinterne Know-how- Anteil größer als die Hälfte, sollte die Schlüsselfähigkeit als Kernfähigkeit eingeordnet werden, entsprechend bei weniger als der Hälfte als Standardfähigkeit. Besteht ein Modul nur aus Bauteilen mit Standardfähigkeiten, sollte das betrachtete Modul fremd vergeben werden, um die Kosten reduzieren und die Wertschöpfungstiefe verkleinern zu können. Als Eingangsgröße für Abschnitt 3.3.4 ist für jedes Modul sowohl die Verfahrenskette bekannt wie auch die Einordnung in entweder Standardmodul oder Kernmodul.

3.3.4 Ausgangsgrößen

Ziel des Abschnitts ist es, aus qualitativer und quantitativer Sicht bewertete Standorte in einer Rangfolge an den nachfolgenden Methodenschritt zu übergeben. Dabei werden nur die Standorte berücksichtigt, die sich sowohl aus Produkt- wie auch Prozesssicht eignen. Mit den besten Standorten lassen sich dann im Abschnitt 3.4 die Produktionsverbundszenarien bilden.

Die Standorte werden nachfolgend qualitativ bewertet. Die qualitative Bewertung setzt sich aus den Ergebnissen der Produkt- und Prozesssicht zusammen. Abbildung 3.15 zeigt das Bewertungsschema.

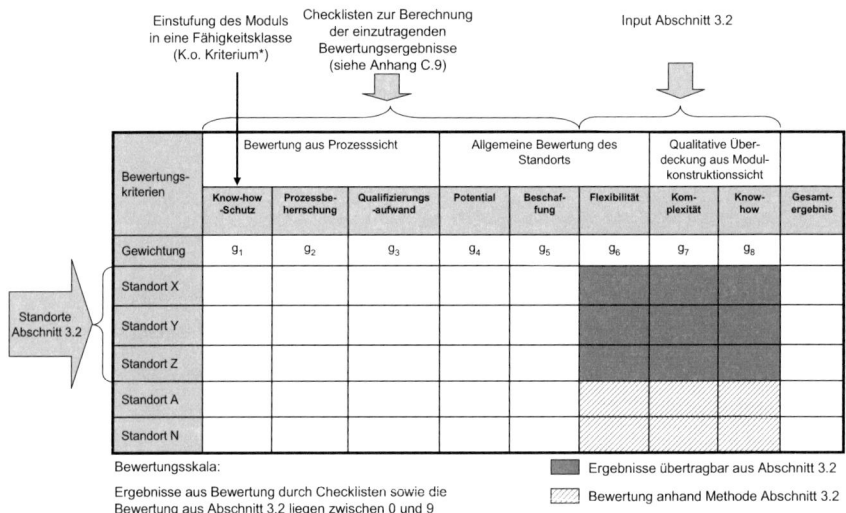

Abb. 3.15: Qualitative Standortbewertung aus Produkt- und Prozesssicht

Die in Abbildung 3.15 dargestellte Tabelle führt die Ergebnisse aus der Produkt- und Prozesssicht zusammen. Die qualitative Bewertung löst das Problem der separaten Betrachtung der drei Einflussgrößen, indem alle drei vor der Zusammenführung gleichermaßen berücksichtigt werden. Die in Abbildung 3.15 dargestellte NWA führt die Bewertungen aus Produkt-, Prozess- und Standortsicht zusammen. Die Gewichtungen werden mittels der im Anhang C.7 beschriebenen Methode des paarweisen Vergleichs bestimmt. Die Bewertungskriterien für die Werte können den

Checklisten in Anhang B.6 – B.10 für die Produkt-, Anhang C.6 für die Prozess- und Anhang C.9 für die Standortsicht entnommen werden. Die Kriterien sind beliebig erweiterbar; Vorschläge hierfür können Anhang C.9 entnommen werden. Da die Skala von 0-9 reicht und hohe Werte zu erzielen sind, müssen für Module, die eine Kernfähigkeit darstellen, die entsprechenden Kriterien mindestens den Wert „6" erhalten, damit der betrachtete Standort in der Rangliste bleibt. Die qualitative Bewertung ist nun abgeschlossen.

Im Abschnitt 3.3.2 wurden die Fertigungs- und Betriebsmittel festgelegt. Bei der Detailbewertung waren auch quantitative Kriterien von entscheidender Bedeutung. Auf Standortebene müssen jedoch die Herstellkosten und darüber hinaus die Verwaltungskosten des jeweiligen Standorts betrachtet werden. Herstellkosten enthalten zwar die Fertigungskosten, bilden aber beispielsweise Materialgemeinkosten nicht ab. Herstellkosten setzen sich zusammen aus:

- Materialeinzelkosten
- Materialgemeinkosten
- Fertigungseinzelkosten
- Fertigungsgemeinkosten
- Qualitätskosten.

Zusätzlich müssen dem Standort zurechenbare Kosten betrachtet werden:

- Vertriebskosten
- Entwicklungskosten
- Verwaltungskosten [Gla01].

Die aufgeführten Vertriebskosten werden nicht berücksichtigt, da sie sich nur auf das gesamte Produkt und nicht auf die Module beziehen lassen. Weiterhin sind Vertriebskosten abhängig vom Endmontagestandort, der wiederum eine strategische Prämisse war, also ebenfalls nicht beeinflussbar. Die Entwicklungskosten fallen unabhängig von der Zuteilung einzelner Module auf die Standorte an, sind also den Standorten nicht direkt zurechenbar.

Nach der vergleichenden Bewertung der Standorte aus qualitativer und quantitativer Sicht werden die beiden Betrachtungsebenen wie in Abbildung 3.16 dargestellt zusammengeführt.

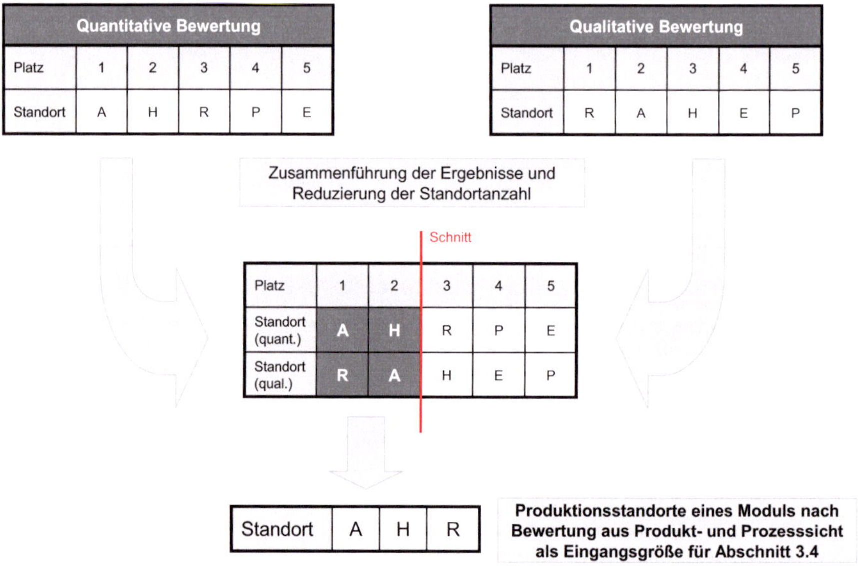

Abb. 3.16: Ergebnis Abschnitt 3.3 und Ausgangsgröße für Abschnitt 3.4

Für jedes Modul werden als Randbedingung für den Methodenschritt nur zwei bis vier Standorte näher betrachtet, um die Komplexität bei der Bildung von Produktionsverbundsszenarien von Beginn an klein zu halten. Deshalb wird nach den Plätzen Eins und Zwei der Ranglisten jeder Bewertungssicht ein Schnitt vollzogen. Die Auswahl an Standorten pro Modul wird an Abschnitt 3.4 übergeben.

3.4 Bildung und Bewertung globaler Produktionsverbünde

In den vorangegangen Methodenschritten wurden nur Module oder Prozesse an separaten Standorten betrachtet, es existiert jedoch noch kein Produktionsverbund. Ziel des Abschnitts ist es, Produktionsverbundsszenarien auf Basis der ermittelten Daten bezüglich Produkt und Prozess zu erstellen. Das Ergebnis ist eine quantitative und qualitative Standortentscheidung für einen globalen Produktionsverbund. Abbildung 3.17 zeigt die Vorgehensweise schematisch.

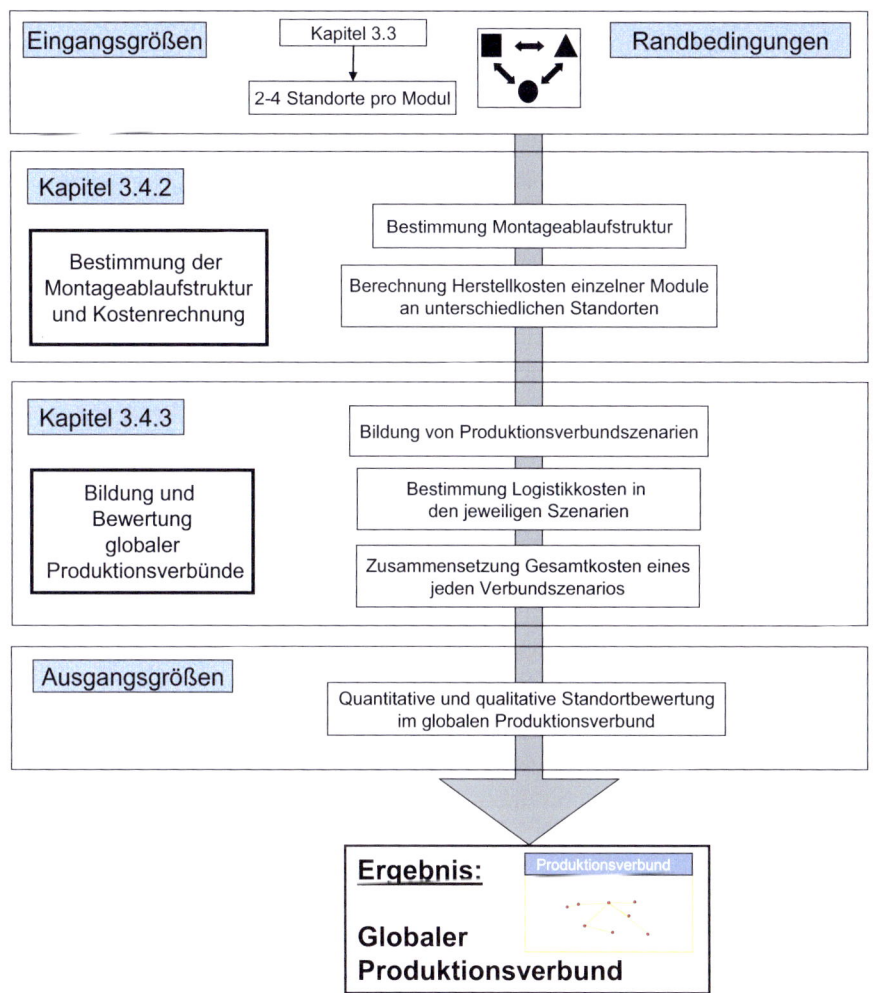

Abb. 3.17: Vorgehensweise Erstellung von Produktionsverbundszenarien

Mit Hilfe der Eingangsgrößen und unter Beachtung der Randbedingungen wird in Abschnitt 3.4.2 die Montageablaufstruktur auf Basis des Montagevorranggraphen des Produkts bestimmt. Dem folgt die Berechung der Herstellkosten einzelner Module an unterschiedlichen Standorten. Basierend auf den Daten werden im Abschnitt 3.4.3 verschiedene Produktionsverbundszenarien gebildet. Mit der Bestimmung der Logistikkosten, die durch den Transport der Module zwischen den verschiedenen Standorten in einem Produktionsverbund entstehen, können die Gesamtkosten eines jeden Verbundszenarios berechnet werden. Die Verbundszenarien werden nach Kosten aufsteigend von einem Berechnungsprogramm ausgegeben. Die Szenarien werden nochmals qualitativ bewertet, um nur den Produktionsverbund betreffende Kriterien mit zu berücksichtigen. Ein derartiges Kriterium kann beispielsweise die Durchlaufzeit des Verbunds sein. Das Ergebnis ist ein globaler Produktionsverbund, der sich sowohl aus Produkt-, Prozess- und Standortsicht bestens eignet.

3.4.1 Eingangsgrößen und Randbedingungen

Für folgenden Methodenschritt sind einige Randbedingungen zu berücksichtigen.
Ein Modul wird immer komplett an einem Standort gefertigt, wobei unterschiedliche Standorte durchaus dasselbe Modul fertigen können und ein Standort verschiedene Module fertigen kann.
Großen Anteil haben die strategischen Vorgaben des Unternehmens:

- Vorgaben des Endmontagestandorts (vergleiche hierzu Strategie „Following customer", Anhang A.3, [Gas95])
- Vorgaben der Produktionsstandorte (Beschäftigungssicherung bis 20xx, auch wenn Produktion nicht wirtschaftlich ist),
- Kundenforderungen (Abnahmegarantie, Stückzahlen,…),
- Lieferantennetzwerk.

Tier1-Unternehmen müssen die Vorgaben durch den Kunden erfüllen. Beispielsweise gibt der Automobilhersteller Mazda der RB GmbH vor, dass die für die Mazdaproduktion am Standort Rayong (Thailand) benötigten Einspritzeinheiten ausschließlich in Thailand gefertigt werden dürfen.
Für den Endmontagestandort spielt besonders die Betrachtung möglicher Zielmärkte eine entscheidende Rolle. Durch eine Fertigung und Endmontage im jeweiligen Zielland lassen sich beispielsweise hohe Einfuhrzölle umgehen. Für die Methode wird angenommen, dass ein oder mehrere Endmontagestandorte strategisch vorgegeben sind.

Eingangsgrößen sind alle in der Methode bisher erarbeiteten Ergebnisse. Sie lassen sich jedoch zusammenfassen. Die wesentliche Eingangsgröße für den Methodenschritt bilden demzufolge die in Abbildung 3.16 dargestellten zwei bis vier Standorte pro Modul. Das Ergebnis vereint die Produktgestaltung, die Prozessgestaltung und sämtliche Anforderungen von Standorten. Für die endgültige Zuordnung der Produktionsmodule zu den geeigneten Standorten wird auf Abbildung 3.16 zurückgegriffen. Die Auswahl liefert potentielle Standorte eines Moduls, alle geeignet aus Produkt- und Prozesssicht. Der Fokus der Betrachtung liegt aber nicht mehr auf der Standortvorauswahl für ein einzelnes Modul, sondern es muss eine Standortentscheidung für den gesamten Produktionsverbund eines Produkts erfolgen. Da Abbildung 3.16 für jedes Modul erstellt werden muss, wird in Abbildung 3.18 das Produkt mit den potentiellen Produktionsstandorten und den zugehörigen Modulen dargestellt.

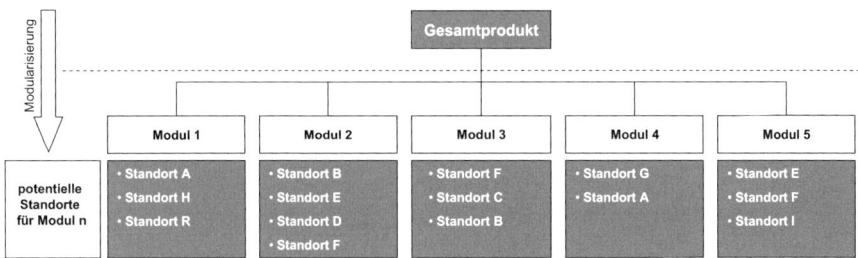

Abb. 3.18: Standortvorauswahl für das Produkt auf Basis der Module

Für jedes Modul besteht die Standortvorauswahl aus Abbildung 3.16. Aggregiert ergeben sich in der Folge sämtliche Standorte, die für ein Produkt benötigt werden. Neben den potentiellen Standorten werden existierende Abhängigkeiten und Vorrangbeziehungen der Module benötigt. Im Abschnitt 3.4.2 wird deshalb neben den Herstellkosten für die Module die Montageablaufstruktur des Produkts ermittelt.

3.4.2 Montageablaufstruktur und Kostenberechnung

Ziel ist es, die Montageablaufstruktur festzulegen und die Herstellkosten der einzelnen Module an den unterschiedlichen Standorten zu berechnen.
Basierend auf der Standortvorauswahl für ein Produkt (Abbildung 3.18) ist zunächst die logische und zeitliche Abfolge durchzuführender Montagevorgänge notwendig.

Neben dem Arbeitsplan oder der Arbeitsanweisung ist der Montagevorranggraph als Darstellungsform für den Sachverhalt sehr geeignet [Bul86, Del92]. Der Montagevorranggraph ist ein Hilfsmittel, das die Vorrangbeziehungen von Teilverrichtungen darstellt, die vor anderen Teilverrichtungen vorgenommen werden müssen. Bei der netzplanähnlichen Darstellung von Teilverrichtungen der Montage, bestehend aus Knoten und Kanten, bilden die Knoten die verschiedenen Module des Endprodukts, die Kanten die Abhängigkeiten zwischen den Modulen [Bul86]. Abbildung 3.19 zeigt einen Montagevorranggraphen.

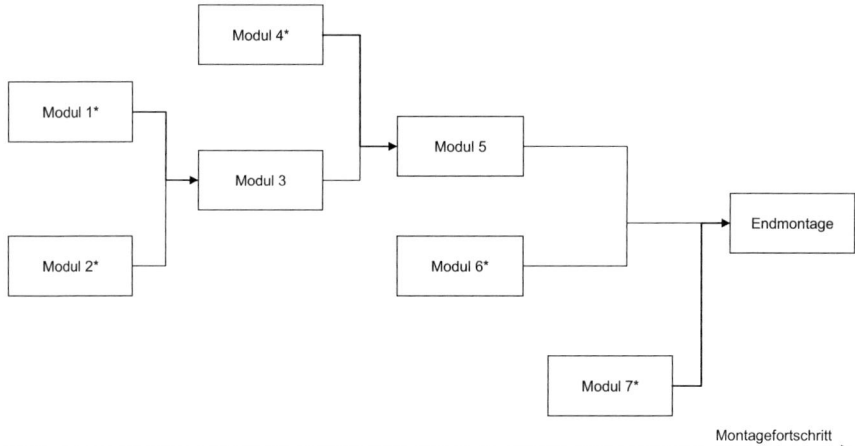

* Modul besitzt keinen Vorgänger und kann bereits zu Produktionsbeginn produziert werden.

Abb. 3.19: Montagevorranggraph mit sieben Modulen

Das Ende einer Kante gibt dabei den Zeitpunkt an, zu dem die Teilverrichtung spätestens erfüllt sein muss. Ein Montagevorranggraph besitzt drei mögliche Anordnungen:

- einfache Struktur (Modul 7),
- Struktur mit Verzweigung (Modul 4) und
- parallele Struktur mit Zusammenführung (Modul 1 mit Modul 2).

Die drei Strukturformen ermöglichen die Darstellung selbst komplizierter Montage-abläufe und bringen die Abläufe in eine übersichtliche Form [Bul86, Muc05].

Der Montagevorranggraph gibt zusätzlich an, welche Module an welchem Standort und wann gefertigt werden müssen, um die reibungslose Funktion des globalen

Produktionsverbunds zu gewährleisten. Im gezeigten Graphen gibt es zweierlei Knoten: Knoten mit und Knoten ohne Vorgänger. Module ohne Vorgänger können immer parallel, zumeist zu Produktionsbeginn, gefertigt und montiert werden.

Auf Basis der Rangfolge der Module und damit der verschiedenen Standorte für jedes Modul können Produktionsverbundszenarien erstellt werden. Da die Kosten hierbei eine entscheidende Rolle spielen, müssen die Herstellkosten der einzelnen Module an den unterschiedlichen Standorten bestimmt werden.

Im folgenden Methodenabschnitt werden die Herstellkosten der einzelnen Module je Standort berechnet. Die Kosten müssen für jeden der in Abbildung 3.18 aufgeführten Standorte berechnet werden, um das kostengünstigste Szenario ermitteln zu können.

Die Berechnung erfolgt basierend auf einem Schema, das Anhang D.1 zu entnehmen ist. Das Schema wird modifiziert, da hier nur die dem Standort direkt zurechenbaren Kosten von Bedeutung sind. Beispielsweise können Gemeinkosten den Standorten oder Geschäftsbereichen zugeordnet sein. Relevant sind aber hier nur diejenigen, die den Standorten zurechenbar sind, da ein Standortvergleich das Ziel ist. Wie bei der Kostenbetrachtung im Abschnitt 3.3.4, bei der es um die Zuordnung von Modulen zu bestimmten Standorten geht, müssen hier sämtliche das Modul betreffende Kosten berücksichtigt werden, also auch alle Gemeinkosten, siehe Abbildung 3.20.

Die Berechnung der durch die Modulproduktion standort-spezifisch anfallenden Kosten ist für jedes Modul für alle der potentiell möglichen Produktionsstandorte durchzuführen. Basierend auf den Herstellkosten und dem Montagevorranggraphen werden im Abschnitt 3.4.3 die Produktionsverbundszenarien gebildet.

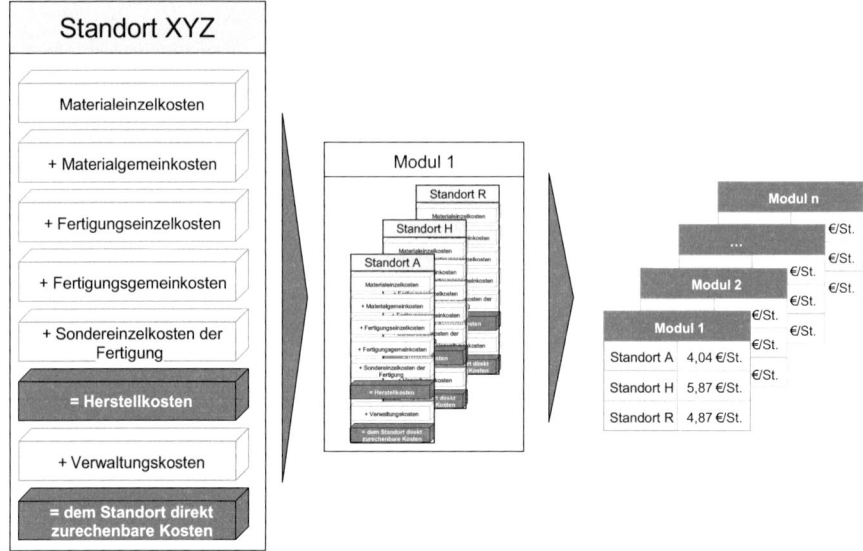

Abb. 3.20: Berechnung der direkten Standortkosten

3.4.3 Bildung und Bewertung globaler Produktionsverbünde

Der Montagegraph aus Abschnitt 3.4.2 bestimmt die Grundform des Produktionsverbunds. Ziel des Abschnitts ist es, verschiedene Produktionsverbundszenarien
basierend auf den bislang ermittelten Daten und den noch zu bestimmenden
Logistikkosten zu erstellen. In Anhang D.2 ist der Zusammenhang zwischen dem
Montagevorranggraphen und dem Produktionsverbundszenario beispielhaft dargestellt.

Bei der Szenariobildung wird sehr schnell klar, dass die Erstellung von Szenarien
eine sehr komplizierte und aufwendige Tätigkeit ist. Die Anzahl möglicher
Verbundkonfigurationen berechnet sich nach:

$$(\text{Anzahl Standorte je Modul})^{\text{Anzahl der Module}}$$

Demzufolge ergeben sich bei sieben Modulen und drei Standorten je Modul $3^7 =$
2187 Verbundszenarien. Deshalb wird empfohlen, hier die Vorgaben und
Restriktionen bezüglich der zulässigen Standort-Modul-Kombinationen zu über-

prüfen. Die Prämissen können häufig die Vielzahl an Alternativen deutlich reduzieren.

Zur Lösungseinschränkung wird angenommen, dass der Standort der Endmontage markt- und kundengetrieben oder aufgrund strategischer Vorgaben fest vorgegeben ist. Zur Erschließung unterschiedlicher Absatzmärkte (beispielsweise Asien und Europa) können mehrere Endmontagestandorte innerhalb des Verbunds vorgesehen werden. Dann muss der Produktionsverbund allerdings losgelöst von der Vorgehensweise dahingehend verbessert werden. Als Eingangsgröße ist hierzu die Verteilung der zu produzierenden Gesamtstückzahl für die verschiedenen Absatzmärkte erforderlich, um den Produktionsverbund für die jeweils verschiedenen Endmontagestandorte optimieren zu können. Die eigentliche Planung und Optimierung erfolgt dann analog zum Vorgehen der im Abschnitt beschriebenen Methode.

Um alle bei der Bildung eines Produktionsverbunds entstehenden Kosten berücksichtigen zu können, müssen die Logistikkosten berechnet werden. Sie entstehen durch den Transport eines Moduls zum folgenden Verrichtungsschritt. Die Kosten lassen sich als die Kanten im Montagevorranggraph beschreiben. Folglich sind für alle innerhalb der Szenarien anfallenden Transportrelationen die Logistikkosten zu bestimmen. In den Logistikkosten sind auch die Kosten der Kapitalbindung in Transport- und Sicherheitsbeständen einschließlich der Wertminderung der Güter über der Zeit berücksichtigt [Mey05]. Nach *Meyer* können insbesondere bei langen physischen Wertschöpfungsketten erhebliche Kosten entstehen, begründet durch die Produktverfügbarkeit am Markt. Die Zusammensetzung der Logistikkosten kann Abbildung 3.21 entnommen werden.

Transport-kosten	Kosten für interne und externe Transporte (inklusive Gebühren für die Zollabwicklung, anfallenden Zollgebühren auf den verschiedenen Transportrelationen, Kapitalbindungskosten durch Transportzeit usw.)
Bestands-kosten	Kosten, die durch das Vorhalten von Beständen entstehen, zum Beispiel Kapitalbindungskosten, Versicherungen, Abwertungen (Wertverlust der Ware)
Lagerkosten	Kosten, die sich aus einem fixen Teil für die Bereitstellung von Lagerkapazitäten und einem variablen Teil für die Lagerung von Materialien (zum Beispiel Ein- und Auslagerungskosten) zusammensetzen
Handling-kosten	Kosten für Verpackung, Handling, Kommissionierung
Systemkosten	Kosten der Gestaltung der Material- und dazugehörigen Informationsflüsse innerhalb von Prozessketten und in Supply Chains (inklusive der benötigten DV-Systeme)
Steuerungs-kosten	Kosten für die Planung und Steuerung des Materialflusses sowie der Fertigung (zum Beispiel Produktionsprogrammplanung, Disposition, Beschaffung)

Abb. 3.21: Logistikkosten modifiziert nach [Sch99]

Zunächst muss geklärt werden, wie transportiert wird: per Eisenbahn, Flugzeug, Lastkraftwagen (LKW) oder Schiff. Für die bekannten Transportrelationen sind die jeweiligen Transportkostensätze je Volumen zu ermitteln. Dabei determinieren die räumliche Ausdehnung und die geographische Struktur des Verbundszenarios die Auswahl der Verkehrsträger [Pfo96]. Da der Transport unter Zuhilfenahme eines der vier Transportmittel vollzogen wird, muss zunächst geprüft werden, wie leistungsfähig und kostengünstig das jeweilige Transportmittel ist [Wen01].

Der LKW hat den Vorteil, im Nah- und Flächenverkehr sehr individuell einsetzbar zu sein. Weiterhin kann der LKW kleine Sendungen zuverlässig und wirtschaftlich transportieren, während Eisenbahn und Schiff Stärken beim Transport von Massengütern aufweisen [Pfo96, Mer99, VDA07].

Die Eisenbahn ist begrenzt durch das Schienennetz, was den Bedürfnissen der Wirtschaft nicht immer gleich kommt [Ihd91]. Äußerst rentabel wird die Eisenbahn, wenn wie bei der Volkswagen AG Ganzzüge zwischen Wolfsburg und Pamplona pendeln [Kli93].

Grundlegende Voraussetzung für eine arbeitsteilige Weltwirtschaft ist leistungsfähiger Schiffsverkehr [Ihd91]. Durch die zunehmende Bedeutung von Containern als „Transporthülle" ist das Schiff ein kostengünstiger Verkehrsträger. Seefracht ist beispielsweise pro Tonnenkilometer um etwa den Faktor 10 kosten-günstiger als Luftfracht [Mey05]. Problematisch ist natürlich die Transportzeit.

Flugzeuge haben eine hervorragende Transportzeit, -schnelligkeit und -sicherheit, jedoch stehen dem die hohen Kosten entgegen. Durch Be- und Entladevorgänge wird drastisch Zeit verloren, so dass das Flugzeug innerhalb Europas bedingt und nur weltweit sinnvoll eingesetzt werden kann [Pfo96]. Abbildung 3.22 zeigt eine Bewertung der möglichen Transportmittel.

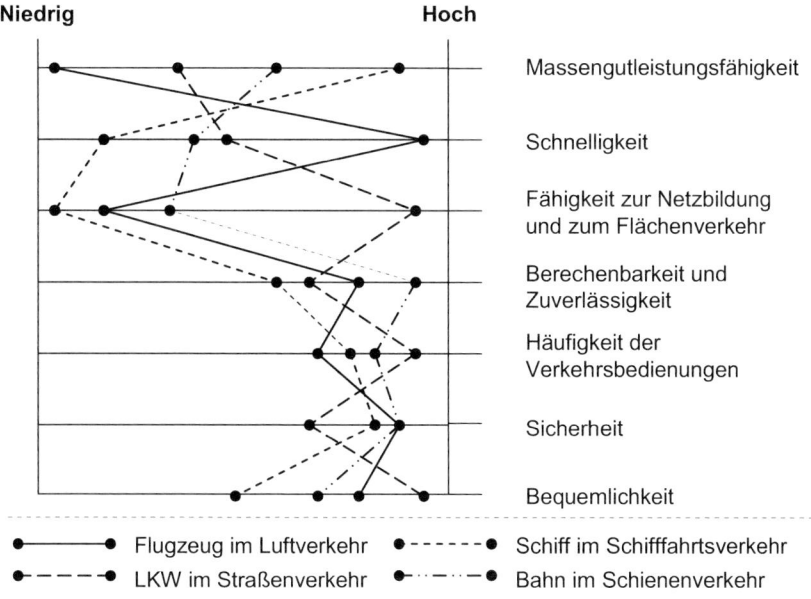

Abb. 3.22: Transportmittel im Vergleich bezüglich logistischer Zielgrößen modifiziert nach [Jün89, Ihd91]

Mit der Bewertung der Transportmittel wird eine Zuordnung der Ressourcen zu den Logistikebenen (Nah-, Fern- und globaler Verkehr) möglich. Für jede Ebene ergibt sich folgende Zuordnung oder Konkurrenzsituation [Sch02]:

- Nahverkehr (Distanz ≤ 50 km):				Bahn oder LKW
- Fernverkehr (50 km ≤ Distanz ≤ 1000 km):	Bahn, Binnenschiff oder LKW
- Global (Distanz ≥ 1000 km):				Flugzeug oder Schiff

Um das einzusetzende Transportmittel zu ermitteln, empfiehlt sich die im Abschnitt 3.3.2 vorgestellte Methode des paarweisen Vergleichs. In Anhang D.3 werden die verschiedenen Transportmittel in der jeweiligen Logistikebene miteinander vergleichend bewertet. Die richtige Wahl des Transportmittels ist für den Verbund von entscheidender Bedeutung, nicht nur aus Kostensicht. Nach *Meyer* wirkt sich die für die jeweilige Strecke benötigte Zeit direkt auf die Höhe der erforderlichen Sicherheitsbestände aus [Mey05]. Durch parallele multi-modale Transporte kann die Effizienz und Robustheit von Produktionsverbünden erhöht werden, wodurch erhebliche Kosteneinsparungen erzielt werden können [Abe06].

Die Ermittlung der Logistikkosten ist je nach Anzahl der Module und Standorte ein erheblicher Aufwand, der aber in jedem Fall geleistet werden muss. Die Anzahl der Transportrelationen, für die Transportkosten und –zeiten zu ermitteln sind, müssen für jede Kante im Montagevorranggraphen und für jeden Standort durchgeführt werden.

Nach der Ermittlung der Logistikkosten stehen nun alle benötigten Informationen zur Verfügung, die zur Bildung der Produktionsszenarien und der Berechnung der Kosten eines Szenarios zur Verfügung stehen müssen.

Bei der Konfiguration eines Produktionsverbunds sind alternative Szenarien zu bewerten. Im quantitativen Bereich werden die Kosten dabei als wesentlichste Größe betrachtet. Die Höhe der *total landed costs* beispielsweise ist ein Maß für die Effizienz eines Produktionsverbunds. Wie im Glossar beschrieben, setzen sich die Kosten der Produktverfügbarkeit am Markt zusammen aus den Herstellkosten, den Logistikkosten, den Kapitalbindungskosten und der Wertminderung der Bestände, die je nach Produktionsverbund einen nicht zu unterschätzenden Anteil an den Gesamtkosten haben [Mey05].

Die Kostenrechnung innerhalb der Methode bildet keine vollständige Produktkostenkalkulation ab, da beispielsweise die Wertminderung eines Produkts beim Transport nicht berücksichtigt wird. Vielmehr ist es Ziel der Methode, einen kostenoptimalen Produktionsverbund herzustellen. Entscheidungsrelevante Kosten eines Produktionsverbundszenarios setzen sich zusammen aus:

$$\text{MIN } K_{gesamt} = HEK_{gesamt} + \text{Logistikkosten}_{gesamt} + \text{Einmalinvestitionen}_{gesamt}$$

Die Einmalinvestitionen sind Unkosten, die anfallen, um die Produktion eines Moduls an einem bestimmten Standort überhaupt erst möglich zu machen. Das können beispielsweise

- Kosten für Maschinentransfer,
- Neuanschaffung von Betriebsmitteln,
- Kosten Inbetriebnahme sein.

Wie zu Anfang von Abschnitt 3.4.3 erwähnt, ist die Planung eines Produktionsverbunds mit erheblichem Aufwand verbunden. Die Bildung derartiger Szenarien (7 Module, 3 Standorte = 3^7) kann bereits bei 2187 möglichen Alternativen fast unmöglich von Hand gelöst werden, weswegen die Erstellung eines Rechenwerkzeugs zur kostenbasierten Szenarioerstellung in Auftrag gegeben wurde. Als Ergebnis liefert das Werkzeug eine nach Kosten aufsteigend sortierte Liste aller möglichen Szenarien.

Als Eingangsgröße wird im ersten Fenster die Anzahl der Module abgefragt. Nach Eingabe der Anzahl müssen im nächsten Fenster folgende Größen pro Modul ausgefüllt werden:

- Potentielle Standorte, die das Modul produzieren können,
- Herstellkosten (HEK) eines jeden Moduls an jedem möglichen Standort,
- Nachfolgermodul(e) zur Beachtung des Montagevorrangs.

Die Position Endmontage wird unabhängig von der Anzahl der Module ergänzt und als strategisch vorgegeben angenommen, weswegen hier keine Änderungen zugelassen werden. Abbildung 3.23 zeigt das Fenster.

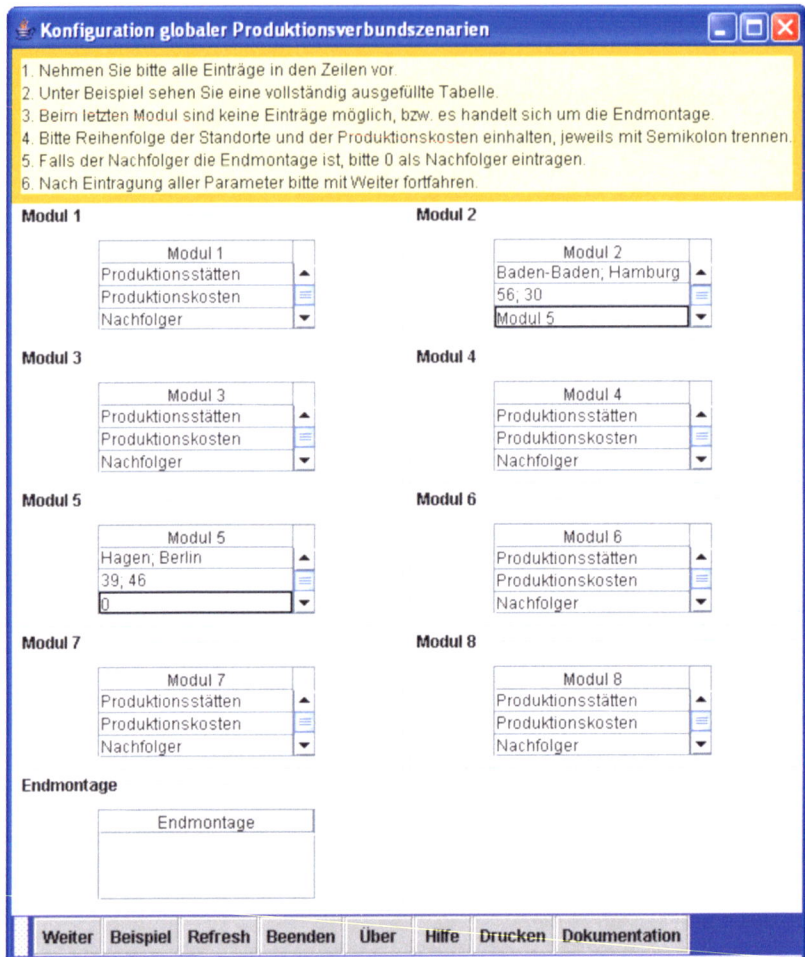

Abb. 3.23: Abfrage der modulspezifischen Daten

Das in Abbildung 3.23 dargstellte Fenster aus der Software ist exemplarisch befüllt worden. Modul 2 kann demzufolge an den Standorten Baden-Baden und Hamburg gefertigt werden. Die Herstellkosten belaufen sich dabei auf 56 Euro für Baden-Baden und 30 Euro für Hamburg. Das Nachfolgermodul von Modul 2 ist Modul 5, Modul 5 benötigt folglich zur Herstellung Modul 2. Modul 5 kann entsprechend in Hagen und Berlin zu 39 beziehungsweise 46 Euro hergestellt werden, der Nachfolger ist im Beispiel der Endmontagestandort, daher der Wert Null an der Stelle.

Nächster Schritt ist die Darstellung einer Kontrollliste, die die vorgenommen Einträge zur Kontrolle anzeigt. Unnötige Eingabefehler können durch die Liste vermieden werden. Im nächsten Schritt müssen für jede Kante innerhalb des Montagevorranggraphen die notwendigen Logistikkosten eingetragen werden. Nur durch Beachtung der HEK und Logistikkosten können sinnvolle Ergebnisse erzielt werden.

Als Ergebnis erscheint ein Nachrichtenfenster, das das Gesamtkostenminimum und –maximum ausgibt. Weiterhin wird die Anzahl möglicher Verbundkombinationen ausgegeben. Danach muss noch der Speicherort angegeben werden, um die Liste mit den errechneten Daten nach MS Excel® exportieren zu können. Weitere Details zur Software sind Anhang E zu entnehmen.

Im nächsten Schritt kann die qualitative Bewertung der Produktionsverbünde auf Basis der quantitativ ermittelten Szenarien erfolgen. Sie findet in MS Excel® und somit losgelöst von der Softwarelösung statt. Abbildung 3.24 stellt einen Auszug aus der Ergebnistabelle dar.

index	manufacturing site scenarios	quantitative assessment [€/unit]	qualitative assessment [utility value]
1	A-B-H-F-E-D	37,41	89
2	A-G-H-F-E-D	37,41	91
3	D-B-H-F-E-D	38,57	87
4	D-G-H-F-E-D	38,69	81
5	A-D-H-H-H-D	38,62	97
6	A-G-B-F-E-D	39,04	89

Abb. 3.24: Ausschnitt der Ergebnistabelle (Platz 1-6) aus Softwarelösung, ergänzt durch qualitative Kriterien für einen Produktionsverbund [Gra07b]

Die Tabelle enthält an erster Stelle den Index des Szenarios. Danach folgt die Zusammensetzung des Produktionsverbunds in der richtigen Reihenfolge der Produktionsstandorte. Die nächste Spalte gibt die Gesamtkosten der Produktion eines Produkts innerhalb eines Verbunds an. Die Gesamtkosten bestehen aus den HEK, den Logistikkosten und den Einmalinvestitionen. Die letzte Spalte enthält den Nutzwert, der auf Basis qualitativer Kriterien wie Technologieführerschaft oder kurzen Qualitätsregelkreisen entstanden ist.

Bei der qualitativen Bewertung des Verbunds geht es darum, den Produktionsverbund als Ganzes zu bewerten. Die Kriterien zu Anfang der Methode beziehen sich nur auf Produkt, Prozess oder Standort, ermöglichen aber nicht die Bewertung des Verbundszenarios. Hier unterstützt die in Anhang D.4 dargestellte Abbildung mit einer Kriterienliste. Das Gesamtergebnis der Liste wird dann gemäß des Szenarios in die bestehende Standortrangfolge aus der quantitativen Bewertung übertragen und lässt offen, wie entschieden wird. Das hat zwei Gründe: Zum Einen müssen derartige Entscheidungen transparent und immer nachvollziehbar sein und zum Anderen wird dem Expertenteam die Möglichkeit gegeben, sich beispielsweise gemäß der Unternehmensstrategie zu entscheiden, was aber durchaus bedeuten kann, dass die Kosten für den untersuchten Verbund nicht minimal sind.

3.5 Zusammenfassung

In Kapitel 3 wird eine neue Methodik zur Konfiguration globaler Produktions-verbünde dargestellt. Um die Herstellung eines Produkts innerhalb eines globalen Produktionsverbunds zu gewährleisten, müssen die drei Einflussgrößen Produkt-design, Prozessgestaltung und Standortentscheidung sowie sämtliche Wechsel-wirkungen zwischen den Determinanten gleichermaßen berücksichtigt werden. Dazu wird zunächst das Produktkonzept in Module aufgeteilt, wobei ein Modul entweder eine Baugruppe oder eine technische Funktion abbildet. Die Module werden mittels der DFMA auf Fertigungs- und Montagegerechtheit geprüft. Danach wird auf Basis qualitativer Kriterien eine Standortvorauswahl vorgenommen. Im Abschnitt 3.3 werden die Module in Bauteile zerlegt. Die Bauteile geben Aufschluss über die notwendigen Prozesse. Basierend auf der Standortvorauswahl aus Kapitel 3.2 wird eine Auswahl von Standorten für jedes Modul erarbeitet. Die potentiellen Standorte eignen sich aus Produkt- und Prozesssicht und bilden die Eingangsgröße für die Softwareanwendung, die auf Basis der Herstell- und Logistikkosten globale Produktionsverbundszenarien generieren. Welcher Produktionsverbund zur Anwendung kommen wird, entscheidet ein Expertenteam auf Basis der quantitativen und qualitativen Szenarienbewertung.

Der finale potentielle Produktionsverbund sollte gemäß der Stufen des in Abbildung 3.25 dargestellten Phasenmodells sukzessive verbessert werden.

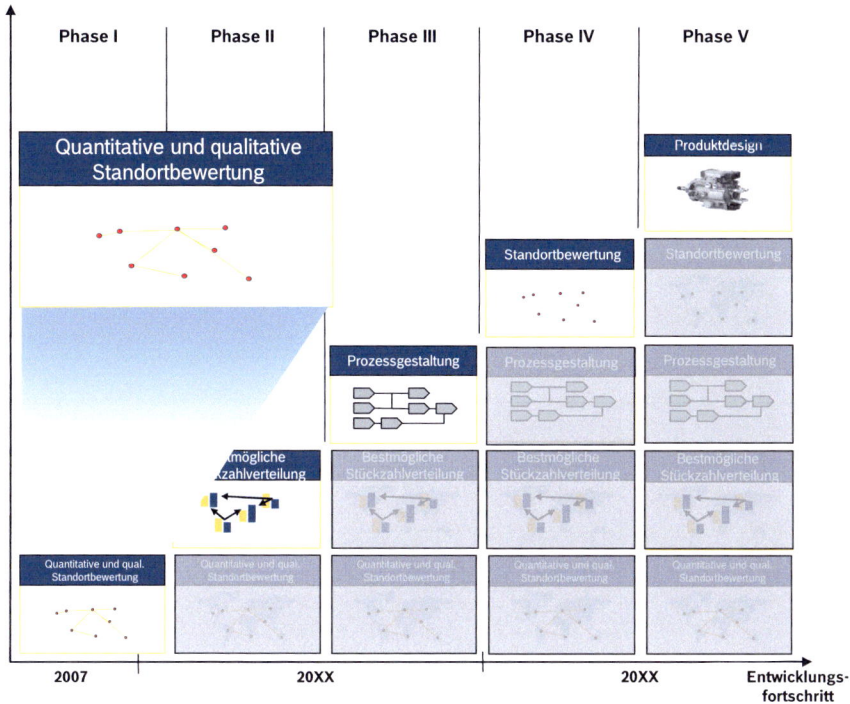

Abb. 3.25: Phasenmodell zur Implementierung der Methode modifiziert nach [Gra07b]

Das Phasenmodell besteht aus fünf Stufen und dient der Implementierung der Methode in einem Unternehmen. Die Umsetzung eines solchen Phasenmodells erfordert einige Zeit, was durch die Achse „Entwicklungsfortschritt" angedeutet wird. *Lanza* belegt die Aussage, dass die Anlaufphase aufgrund der hohen wirtschaftlichen Relevanz eine entscheidende Rolle bei der Konfiguration von globalen Wertschöpfungsnetzwerken spielt [Lan07]. Nachfolgend wird das in Abbildung 3.25 dargestellte Modell erklärt. Stufe 1 bildet hierbei diese Arbeit, Stufe 2 eignet sich für eine Verbesserung der innerbetrieblichen Distribution und der Stückzahlverteilung. In der dritten Stufe wird die Prozessgestaltung der Struktur eines globalen Produktionsverbunds weiter angepasst. Stufe 4 sorgt für ein erneutes Überdenken der richtigen Standortwahl und Stufe 5 schließt   mit den Anforderungen des Produktdesign an einen globalen Produktionsverbund. Abbildung 3.25 verdeutlicht den   hohen   Aufwand   bei   der   Planung   und   Konfiguration   globaler Produktionsverbünde. Der Aufwand der Planung wird entscheidend dadurch geprägt, ob der Ist-Zustand eines Produktionsverbunds oder die Methode zur Konfiguration globaler Produktionsverbünde entwicklungsbegleitend eingesetzt wird. Der Aufwand für die Begleitung während der Entwicklung ist deutlich höher, hat aber auch mehr Verbesserungspotential vorzuweisen. Die Fallbeispiele in Kapitel 4 belegen die Aussage.

4. Prototypische Erprobung und Validierung

Inhalt des Kapitels sind zwei Fallbeispiele. Anhand derer werden die Möglichkeiten aufgezeigt, die ein Unternehmen unter Zuhilfenahme der in Kapitel 3 erarbeiteten Vorgehensweise durch einen globalen Produktionsverbund hat.

Das erste Beispiel zeigt, wie die Methode innerhalb eines bereits bestehenden Produktionsverbunds Optimierungspotential erzeugen kann.

Im zweiten Beispiel werden für eine Produktidee verschiedene Produktionsverbundszenarien erarbeitet. Bei der Erstellung der Szenarien unterstützt die in Kapitel 3 dargestellte Methodik.

Es muss an der Stelle darauf hingewiesen werden, dass aus Vertraulichkeitsgründen nicht alle Daten ausführlich beschrieben werden dürfen und die Ergebnisse als vertraulich zu behandeln sind.

4.1 Erprobung an bestehendem Produktionsverbund

Am Beispiel eines Autoradios wird nun die Möglichkeit der Optimierung eines bestehenden Produktionsverbunds aufgezeigt. Der Hersteller des Radios ist Teil eines Unternehmensbereichs eines Weltkonzerns und gehört zu den führenden Anbietern auf dem Autoradiomarkt. Durch die bestehende Produktion im Verbund nimmt der Hersteller innerhalb des Konzerns eine Vorreiterrolle ein.

Abbildung 4.1 zeigt die in Kapitel 3 dargestellte methodische Vorgehensweise mit den für das Fallbeispiel notwendigen Randbedingungen und Eingangsgrößen. Da es sich um die Verbesserung eines bereits bestehenden Produktionsverbunds handelt, müssen Einflussgrößen wie das Produktdesign und die Prozessgestaltung als weitgehend starr angenommen werden.

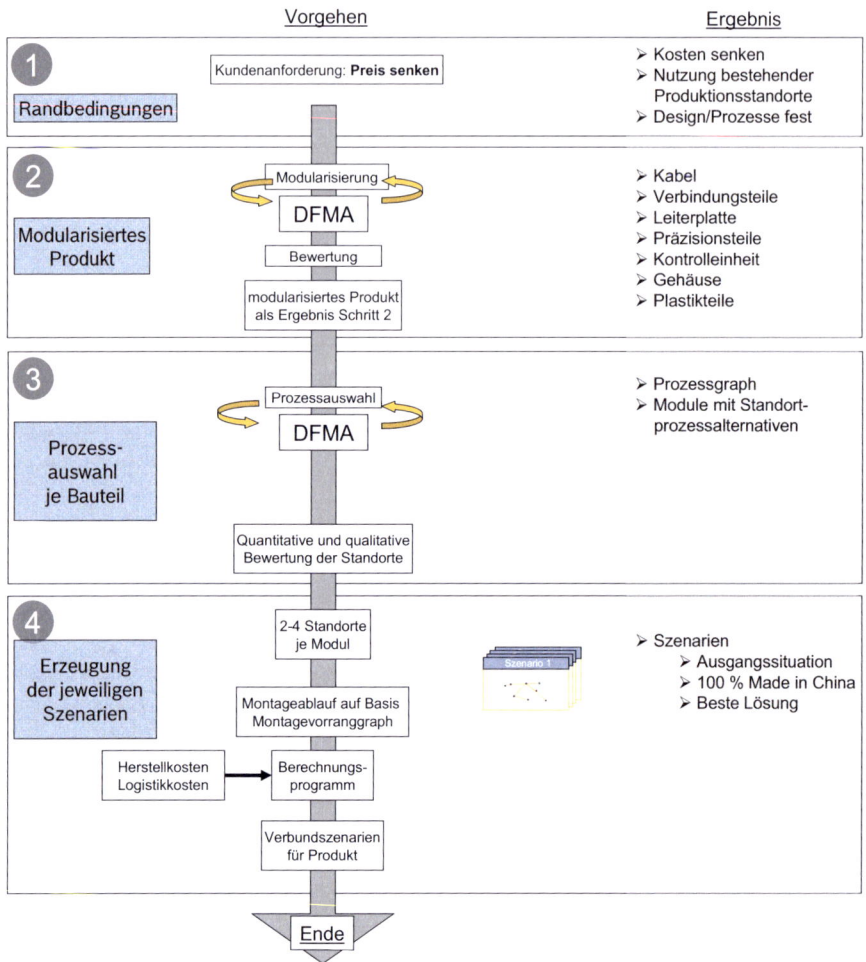

Abb. 4.1: Methodische Vorgehensweise anhand eines Autoradios

Um der Kundenforderung nach einer Senkung des Preises für das Endgerät gerecht werden zu können, werden im ersten Schritt der Methodik die Eingangsgrößen festgelegt. Die Randbedingungen sind neben der vordringlichen Kostensenkung der Herstellkosten des Produkts die Nutzung des bestehenden Produktionsverbunds, ein unveränderliches Produktdesign wie auch die Verwendung bewährter Prozesse.

In Schritt 2 wird basierend auf den Randbedingungen das Autoradio in Module zerlegt; das Autoradio wird modularisiert. Die einzelnen Module sind in sich geschlossene Baugruppen und können unabhängig voneinander produziert und transportiert werden. Folgende Module sind aus dem Autoradio entstanden:

- Gehäuse
- Kabel
- Kontrolleinheit
- Leiterplatte
- Plastikteile
- Präzisionsteile
- Verbindungsteile.

Im Anschluss an die Modularisierung wird die DFMA durchgeführt. Die DFMA dient jedoch nur dazu, kleine Veränderungen am Modul vorzunehmen, wodurch jedoch das Ergebnis signifikant verbessert wird. Beispielsweise wird eine Schraubverbindung durch eine viel einfachere Steckverbindung ersetzt. Eine Bewertung im eigentlichen Sinne wird für das Fallbeispiel nicht vorgenommen, da keine alternativen Module für eine bestimmte Funktion zur Verfügung stehen. Als Ergebnis liefert der Schritt das modularisierte Autoradio.

Im dritten Schritt werden die für die Herstellung der Module notwendigen Prozesse aufgezeigt. Auch hier kann mittels einer DFMA die Prozesslandschaft vereinfacht werden, solange das aktuelle Produktdesign und die bewährten Prozesse es zulassen. In jedem Fall wird aber als Ergebnis der DFMA der Prozessgraph geliefert. Der Prozessgraph beinhaltet die für das Autoradio zur Herstellung notwendigen Bauteile sowie Prozessschritte. Abbildung 4.2 zeigt den Prozessgraphen.

Das Ergebnis hat nun nur noch einen Freiheitsgrad, nämlich die Verteilung innerhalb der bestehenden Standorte.

Die Verteilung auf die Standorte innerhalb des bestehenden Produktionsverbunds vollführt der vierte und letzte Schritt. Im aktuellen Produktionsverbund des Herstellers werden die jeweiligen Produktionsschritte an den Standorten Portugal, Malaysia und Ungarn vorgenommen. Abbildung 4.3 zeigt den bestehenden Produktionsverbund für das Autoradio.

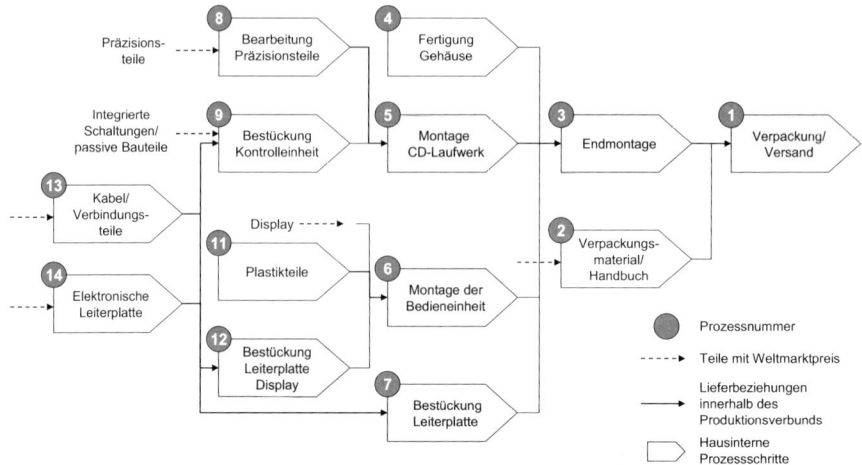

Abb. 4.2: Prozessgraph am Beispiel „Autoradio"

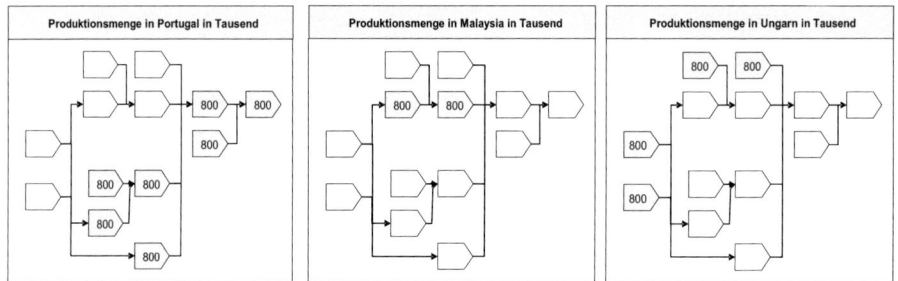

Abb. 4.3: Ausgangssituation des Produktionsverbunds eines Autoradios

Im Rahmen der Untersuchung wurden zwei unterschiedliche Szenarien entwickelt und hinsichtlich der anfallenden Produktionskosten miteinander vergleichend bewertet. Der erste Schritt sieht eine alleinige Produktion in China vor. Bereits jetzt erzeugt das Szenario einen Kostenvorteil von 1,6 Prozent im Vergleich zur bestehenden Anordnung, siehe auch Abbildung 4.6. Abbildung 4.4 zeigt den Prozessgraphen in einer etwas anderen Form: Anstelle der Module oder Prozessschritte sind nun die Stückzahlen in Tausend eingetragen, woraus die Stückzahlverteilung innerhalb der Standorte ersichtlich wird.

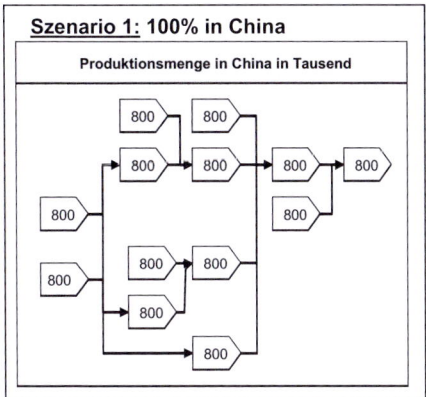

Abb. 4.4: Szenario mit einer Produktion des Produkts nur in China [Eng07]

Zusätzlich wurde noch ein anderes Szenario entwickelt, um zu prüfen, ob nicht noch mehr Kosteneinsparpotential vorhanden ist. Abbildung 4.5 stellt das Szenario vor.

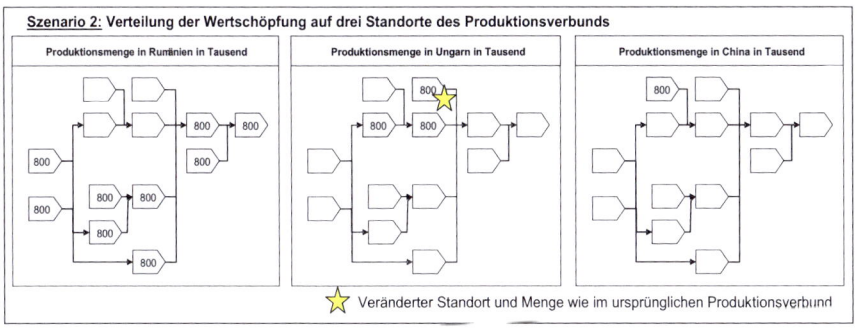

Abb. 4.5: Szenario mit der Verteilung der Wertschöpfung auf drei Standorte [Eng07]

Das abgebildete Szenario stellt einen Produktionsverbund dar, dessen Produktionsumfänge auf die Standorte in Portugal, Malaysia und Ungarn verteilt sind. Im Gegensatz zum Ausgangsszenario, das die gleichen drei Standorte beinhaltet, wird nur eine Veränderung vorgenommen: Die Gehäusefertigung wird von Ungarn nach Malaysia verlagert. Nur durch diesen Schritt kann wie in Abbildung 4.6 dargestellt eine Kosteneinsparung von 7,3 Prozent erzielt werden.

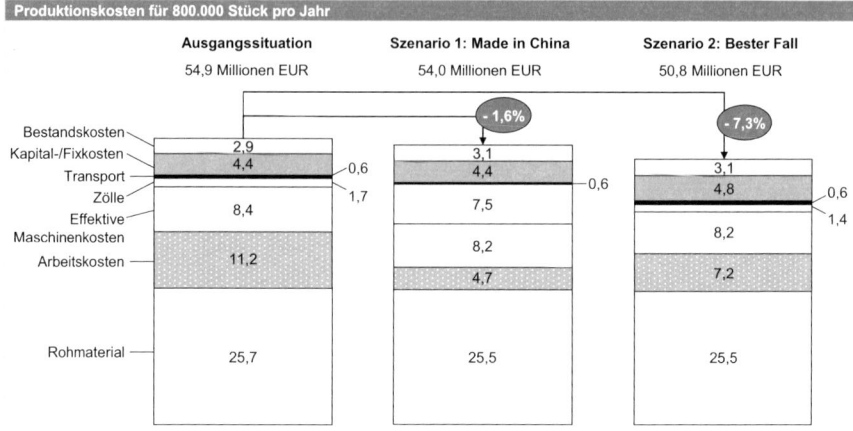

Abb. 4.6: Produktionskosten dreier Szenarien im Vergleich [Eng07]

Für den Ausgangszustand und die beiden Szenarien wurden die sogenannten Produktionskosten berechnet. Produktionskosten enthalten Kosten für

- Rohmaterial
- Arbeit
- effektive Maschinen.

Logistikkosten setzen sich wiederum zusammen aus den Kosten für

- Transport
- Zölle
- Kapitalbindung
- Wertminderung der Bestände [Mey05].

In Abbildung 4.6 wird zunächst die Einsparung von der Produktion im bestehenden Verbund gegenüber einer ausschließlichen Produktion in China verdeutlicht. Dadurch wird es möglich, gegenüber dem Ausgangszustand 1,6 Prozent der Gesamtkosten einzusparen. Zwar steigen die Kosten für Zölle exorbitant (nahezu fünfmal so hoch), dafür sinken die Arbeitskosten enorm, so dass sich die Entscheidung aus reiner Kostenbetrachtung rentieren würde. Die übrigen Senkungen und Steigerungen fallen nicht weiter ins Gewicht sondern heben sich eher auf.

Abbildung 4.6 verdeutlicht aber auch, dass weitestgehend durch eine einzige Kostenart bereits soviel Kosten vermieden werden können, dass auf das gesamte Produkt gesehen Einsparungen in Höhe von 7,3 Prozent möglich werden. Im Beispiel ist es zunächst der Wegfall der Zölle (ca. 82 Prozent), der die Verlagerung der Gehäusefertigung von Ungarn nach Malaysia äußerst rentabel werden lässt. Zusätzlich sinken die Arbeitskosten um 35 Prozent, so dass die steigenden Bestands- und Kapitalkosten diesen Vorteil nicht mehr signifikant verschlechtern können. Im Gegensatz zu „100% in China" steigen die Lohnkosten zwar wieder an, aber durch den noch niedrigeren Aufwand für die Zölle als im Ausgangszustand kann der Vorteil nicht übertroffen werden. Die Senkung der Maschinenkosten ist die Folge von sinkenden Lohnkosten, da bereits teilautomatisierte Prozesse zumeist wieder in Handarbeit umgewandelt werden.

Im behandelten Beispiel werden keine Änderungen des Produktdesigns zugelassen, da sich das Produkt erstens bereits in der Produktion befindet und zweitens der Produktionsverbund ebenfalls schon vorgegeben ist, da nur Standorte berücksichtigt wurden, die an der Produktion des Autoradios auch im Vorfeld der neuen Szenarien beteiligt gewesen sind. Wird am Beispiel des Autoradios – wie es die im Kapitel 3 beschriebene Methode auch vorgibt – die Betrachtung schon während der Produktentstehung eingesetzt, können die Anforderungen der global segmentierten Produktion auf den Aufbau des Produkts übertragen werden. Zusätzlich werden in der Methodik somit auch Aspekte des Know-how Schutzes berücksichtigt. Der langfristige Produkterfolg hängt entscheidend von der Betrachtung ab, da der Produkterfolg durch Imitationen seitens der Wettbewerber immer gefährdet ist. Deshalb muss das im Beispiel aufgenommene Szenario „100% in China" gründlich untersucht werden, wenn die andere Lösung aus beispielsweise Strategiegründen nicht in Betracht kommt. Durch eine frühzeitige Anwendung der Methodik werden weitere erhebliche Kosteneinsparungen erzielt, was gleichzeitig einen nachhaltigen Produkterfolg und damit eine zusätzliche Umsatzsteigerung zur Folge hat.

4.2 Konfiguration globaler Produktionsverbundszenarien

Das in Abschnitt 4.1 gezeigte Beispiel hatte als Freiheitsgrad nur die Verteilung der Module innerhalb des bestehenden Produktionsverbunds. Das nun vorgestellte Produkt muss sich auf einen verändernden Produktionsprozess einstellen. Denn wie in Abbildung 4.7 zu sehen ist, wird es Standorte geben, die geschlossen werden, andere, die neu eröffnet werden. Basierend auf den Anforderungen des Marktes muss nun herausgefunden werden, welches Produktionsszenario am besten für das Produkt und damit das Unternehmen geeignet ist.

Das Produkt wird bislang in einem sogenannten Fertigungsverbund hergestellt, der aus einem Leitwerk und mehreren Fertigungswerken besteht. Leitwerk bedeutet, dass hier zumeist die Entwicklung ansässig ist und das Werk verantwortlich für die richtige Herstellung der Produkte in allen Fertigungswerken ist. Gemeinsam ist Leit- und Fertigungswerk, dass an jedem Standort dasselbe Produkt immer komplett gefertigt wird, also ist keinesfalls von einem Produktionsverbund zu sprechen. Einem Produkt ist in der Folge genau ein Fertigungsverbund zugeordnet.

Das Fallbeispiel untersucht die Potentiale eines Fertigungsverbunds für eine neue Einspritzeinheit. Die Einheit befindet sich derzeit noch in der Planungsphase und ist noch nicht am Markt verfügbar. Da das Produkt aber schon Serienreife hat, sind auch hier leider keine nennenswerten Änderungen am Produkt selbst und den notwendigen Prozessen mehr möglich. Zunächst werden Informationen geliefert, die für die Entscheidungen bezüglich der Standorte und Szenarien von Bedeutung sind:

- Geplanter Produktionsstart der Einspritzeinheit ist 2009,
- Durchschnittliche   Jahresstückzahlen   über   den   gesamten Produktlebenszyklus: 1.507.830 Stück,
- Produktion von Kopplermodul und Drosselplatte am Endmontagestandort,
- Aktormodul stellt Kernfähigkeit dar,
- Fremdbezug der restlichen Module und Bauteile an allen Standorten im Verbund, zu (fast) identischen Kosten möglich,
- Marktnahe Endmontage für die Zielmärkte Asien und Europa,
- Geschätztes Absatzverhältnis: Asien:Europa 1:4,
- Aufbau China als Fertigungs- und Montagestandort bis zum Jahr 2009,
- Potentielle Produktionsstandorte: siehe Abbildung 4.7,
- Module werden bei allen auftretenden Transportrelationen einmal wöchentlich per Luftfracht transportiert,
- Zollsätze: Mit Ausnahme der Transportrelation von Indien in die Türkei (2,7%) wurde in der Berechnung ein Zollsatz von 8,4% für die restlichen Transportrelationen zugrunde gelegt. Bei der Transportrelation von Deutschland II in die Türkei fallen aufgrund einer Freiverkehrsbescheinigung keine Zollgebühren an,

- Eventuell anfallende Aufrüstkosten an den Standorten für die Produktion eines Moduls werden nicht berücksichtigt.

Die nachfolgende Abbildung 4.7 zeigt den Fertigungsverbund aus heutiger Sicht.

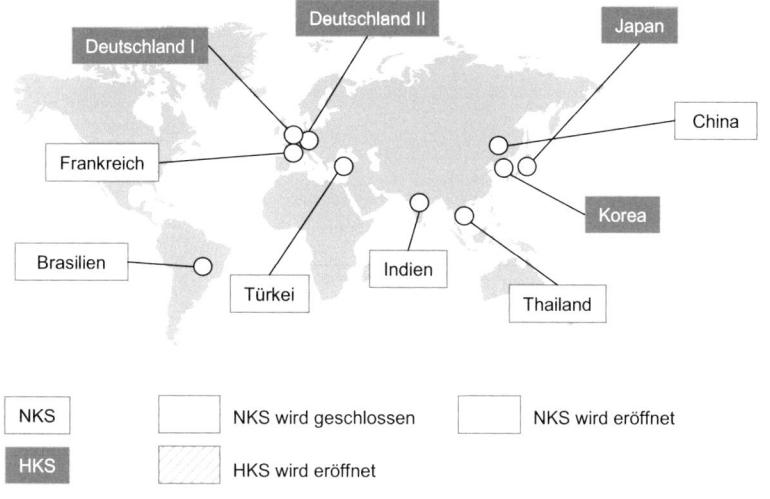

Abb. 4.7: Potentielle Zielländer eines Fertigungsverbunds für Einspritzeinheiten [Eng07]

Der bislang geplante Fertigungsverbund enthält lediglich die Standorte Deutschland II und Türkei als potentielle Produktionsländer. Da die Zahl der Zielländer jedoch deutlich erweitert wird, muss überlegt werden, welche Module an welchem Standort produziert werden sollen. Abbildung 4.8 zeigt die Vorgehensweise schematisch.

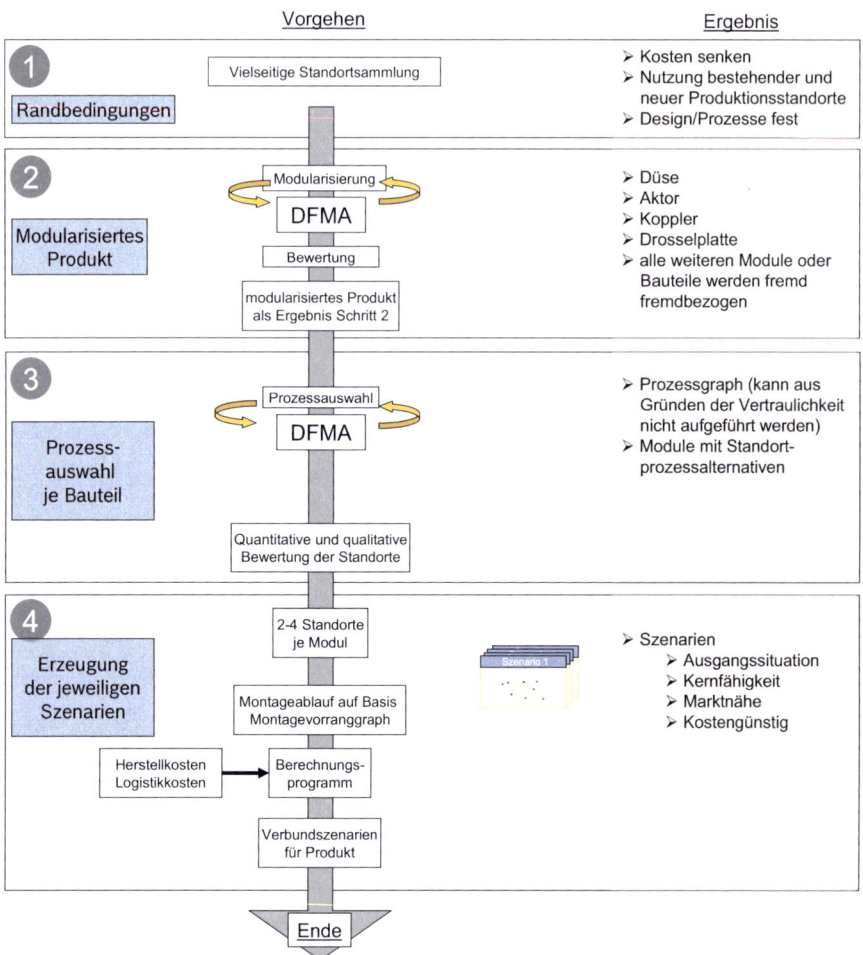

Abb. 4.8: Methodische Vorgehensweise anhand einer Einspritzeinheit

Als Eingangsgrößen stehen im ersten Schritt neben den Randbedingungen und bestehendem Fertigungsverbund auch eine bestimmte Anzahl von Standorten, das serienreife Produkt sowie die dazugehörigen Prozesse zur Verfügung. Die Standorte eignen sich aufgrund ihrer Lage nicht immer für jeden zur Herstellung des Produkts notwendigen Schritt. Abbildung 4.7 zeigt, ob es sich beim betrachteten Standort um einen HKS oder NKS handelt. Basierend hierauf werden nachfolgend alle Standortentscheidungen getroffen.

In Schritt 2 wird das Produkt in Baugruppen aufgeteilt. Die Module sind wie beim Autoradio auch separat voneinander an unterschiedlichen Standorten herstellbar. Folgendes Ergebnis entstand nach der Untersuchung der Einspritzeinheit:

- Aktor
- Düse
- Koppler
- Drosselplatte.

Alle übrigen Module und Bauteile werden als Fremdbezug deklariert. Sie sind nicht schützenswert und es ist zu aufwändig, sie selbst herzustellen. Nachfolgend sind deshalb nur die vier genannten Module für die Szenariobildung von Bedeutung. Da in allen Ländern schon seitens des Herstellers produziert wird, ist auch bei der Frage nach der Anbindung an Zulieferfirmen keine Problematik gegeben. Die Module werden nun den Prozessen zugeordnet, so dass beide als Paket an einen Standort verteilt werden können. Dies wird durch die Struktur des Fertigungsverbunds ermöglicht, da jeder Standort die Möglichkeit hat, jedes Produktmodul herzustellen.

Im dritten Schritt wird basierend auf der DFMA der Prozessgraph genauso wie in Abschnitt 4.1 beschrieben zusammengestellt. Da sich das Produkt jedoch vor der Serienreife befindet, darf der Graph nicht veröffentlicht werden und ist deswegen nicht abgebildet.

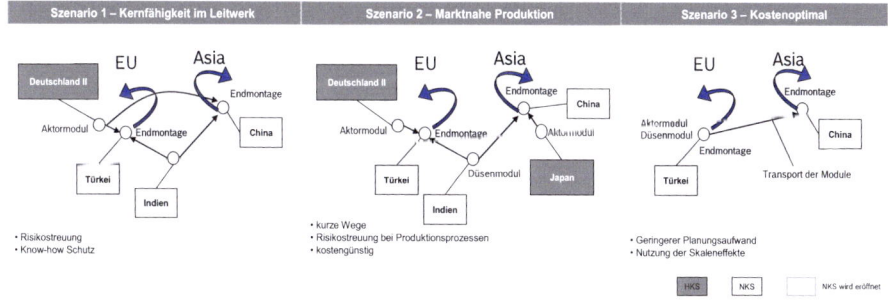

Abb. 4.9: Drei mögliche Produktionsverbundszenarien

In Schritt 4 werden Szenarien gebildet, denen verschiedene Strategien zugrunde liegen. Die Entscheidung wird den Verantwortlichen dadurch erleichtert, dass die Strategie gewissermaßen mit der Lösung einhergeht. Allen Szenarien gemeinsam ist das Ziel, eine möglichst kostengünstige Produktion im Verbund zu erreichen und dabei aber einer bestimmten Strategie treu zu bleiben. Die Lösungsalternativen werden in Abbildung 4.9 dargestellt.

Die Module werden den Standorten unter Berücksichtigung der Fähigkeiten zugeordnet. Ferner werden ausschließlich vorhandene Betriebsmittel an den jeweiligen Standorten benutzt, um Neuinvestitionen zu vermeiden. Das stellt jedoch auch kein Problem dar, da ohnehin jeder Standort alles produzieren können muss. Für den Fall der Neueröffnung eines Standorts muss natürlich geprüft werden, welches Modul und welcher Prozess am besten hierfür geeignet sind. Für jedes der drei Szenarien werden wie in der schematischen Darstellung 4.8 dargestellt die Herstellkosten der Module an den Standorten berechnet, die an der Produktion beteiligt sind. Weiterhin werden die Logistikkosten berechnet, die für den Transport der Module zum Endmontagestandort notwendig sind. Jedes Szenario beinhaltet nur einen Transport je Modul, vom Fertigungsstandort zum Endmontagestandort. Dazwischen finden keinerlei Prozesse oder Transporte statt. Die Herstellkosten sind, wie im Abschnitt 3.3 und 3.4 erläutert, abhängig vom jeweiligen Produktionsstandort und werden über standortspezifische Kostensätze innerhalb des Unternehmens berechnet. Die Transportkosten beinhalten neben den reinen Speditionskosten Zuschläge für Treibstoff, Wechselkursschwankungen, Kapitalbindung, Zollabfertigung, Versicherung, Handlings- und Verpackungskosten. Berücksichtigt werden zusätzlich die Zölle, die auf den verschiedenen Transportrelationen in Abhängigkeit des jeweiligen Ursprungs- und Ziellands in unterschiedlicher Höhe auftreten. Für die in Abbildung 4.9 dargestellten Szenarien und der bestehenden Ausgangssituation aus Abbildung 4.7 ergibt sich mit den errechneten Produktionskosten unter Beachtung der Rahmenbedingungen der Produktionskostenvergleich in Abbildung 4.10.

Für die drei Szenarien ergeben sich drei unterschiedliche Kostensituationen.

Szenario 1:

„Kernkompetenz im Leitwerk" wird eine Kostensteigerung zur Folge haben. Folglich muss die Produktion im Verbund nicht zwingend zu Kosteneinsparungen führen. Das war auch niemals die Intention der entwickelten Methodik, sondern sie soll vielmehr bei der soliden Planung eines Produktionsverbunds unter Beachtung aller gewünschten Anforderungen unterstützen. Szenario 1 wird zu einer Kostensteigerung von fast neun Prozent führen.

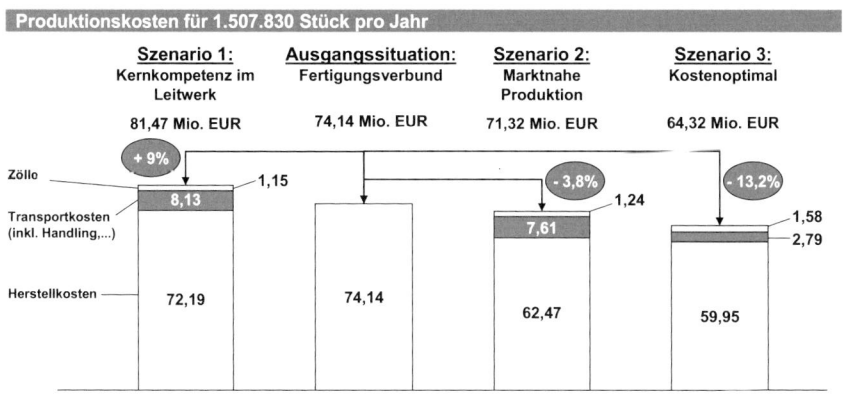

Abb. 4.10: Vergleich der Szenarien hinsichtlich der Produktionskosten

Ist die Strategie des Unternehmens auf Know-how Schutz ausgerichtet, muss das Aktormodul als Kernkompetenz immer im Leitwerk gefertigt werden, also entwicklungsnah. Langfristig gesehen kann auch das Szenario trotz der höheren Produktionskosten rentabel sein, da der Know-how Schutz Imitationen durch den Wettbewerber vorbeugt und so die Marktposition gefestigt wird.

Szenario 2:

„Marktnahe Produktion" führt zu einer Einsparung von 3,8 Prozent gegenüber der Ausgangssituation. Bei der Betrachtung wird Wert auf die Nähe zum Kunden gelegt, weshalb auch die Einsparungen nicht allzu hoch ausfallen. Aber auch diese Untersuchung hängt letztlich wieder von der verfolgten Strategie des Unternehmens ab.

Szenario 3:

„Kostenoptimal" hat insgesamt Einsparungen in Höhe von 13,2 Prozent erzielt. Das Szenario bildet den kostenoptimalen Fall und setzt sich aus zwei Niedrigkostenstandorten zusammen, Türkei und China. Hier sind zwar die Kosten optimal, aber die Wettbewerbsfähigkeit könnte langfristig durch das betrachtete Produktionsverbundszenario gefährdet sein.

Die in Kapitel 3 beschriebene Methodik wurde für die Fallbeispiele erfolgreich durchgeführt und die Ergebnisse auch umgesetzt. Mit dem Ausgangsprodukt wurde in beiden Fällen zunächst eine zweckmäßige Modularisierung vorgenommen. Die von Prozessseite geeigneten Standorte wurden für die Produktion der einzelnen

Module ausgewählt. Basierend hierauf wurden Szenarien mit unterschiedlichen Zielstellungen gebildet, deren Inhalte alle auf unterschiedlichen Unternehmensstrategien begründet sind. Durch die Berechnung der Produktionskosten konnten die Szenarien verglichen werden und so das Expertenteam vor die Wahl gestellt werden, welches Szenario am besten zur Unternehmensstrategie und dem Produkt passt. Die Praxistauglichkeit und Anwendbarkeit der Methodik aus Kapitel 3 konnte somit bewiesen werden.

5. Zusammenfassung und Ausblick

Ziel der Arbeit ist die Entwicklung einer neuen Methodik, die bei der Konfiguration globaler Produktionsverbünde die Produktentwicklung unterstützt. Die Grundidee besteht darin, zunächst die Einflussgrößen eines globalen Produktionsverbunds zu analysieren. Im Zuge der Analyse entstanden drei Einflussgrößen eines globalen Produktionsverbunds: das Produktdesign, die Prozessgestaltung und die Standortentscheidung. Zwischen den drei Größen bestehen Wechselwirkungen, die genau wie die Größen selbst starken Einfluss auf die Funktionalität eines globalen Produktionsverbunds haben. Nur durch eine gleichwertige Berücksichtigung aller drei Einflussgrößen können die prognostizierten Einsparungen realisiert werden. Neben der Prüfung nach Erfüllung quantitativer Kriterien werden alle drei Einflussgrößen auch aus qualitativer Sicht vollständig vergleichend bewertet.

Hierzu wird in Kapitel 1 eine kurze Einführung in das Themenfeld und die Problemstellung der vorliegenden Arbeit gegeben. Kerninhalt des Kapitels ist die Aussage, warum Unternehmen internationalisieren müssen, um mit der Globalisierung Schritt halten zu können. Anforderungen für die Internationalisierung müssen aus den Ergebnissen aus Kapitel 2 abgeleitet werden.

Im zweiten Kapitel werden zunächst die verschiedenen Strategien vorgestellt, mit Hilfe derer sich Unternehmen besser positionieren können in dem heute sehr turbulenten Umfeld. Schwerpunkt des Kapitels bildet allerdings die Analyse und Bewertung der Methoden, die es bereits in Zusammenhang mit der Themenstellung heute schon gibt. Die Methoden werden dazu genau hinsichtlich der Überschneidung mit den Anforderungen der drei Einflussgrößen untersucht und abschließend wird jede Methode hinsichtlich ihrer Relevanz für die in Kapitel 3 erarbeitete neue Methodik bewertet.

Kapitel 3 beinhaltet die neue Methodik zur Planung globaler Produktionsverbünde unter Berücksichtigung der Einflussgrößen Produktdesign, Prozessgestaltung und Standortentscheidung. Dabei wird das Augenmerk zunächst auf die Schnittstelle zwischen Produktdesign und Standortentscheidung gelegt. In der zweiten Phase wird die Verknüpfung zwischen den Anforderungen der ersten Schnittstelle und der Prozessgestaltung hergestellt. Der dritte und letzte Schritt der Methodik vereint sämtliche Anforderungen und generiert mögliche Produktionsverbundszenarien. Die Expertengruppe, die für die Durchführung der gesamten Methodik verantwortlich ist, muss hier die Entscheidung treffen, welches der Szenarien das geeignete für die jeweilige Anforderung ist.

Im vierten Kapitel werden zwei Fallbeispiele aufgeführt. Das erste Beispiel beinhaltet die weltweite Verteilung der Montage eines Autoradios, das andere die einer Einspritzdüse. Der Unterschied zwischen den Beispielen liegt darin, dass das Autoradio bereits produziert wird, hier also auf einem bestehenden Produktionsverbund aufgebaut wird. Die Düse ist noch in der Entwicklung, so dass die Methodik entwicklungsbegleitend eingesetzt werden konnte.

Die wichtigsten Ergebnisse der Arbeit sind:

1. Entwicklung einer neuen Methodik zur Konfiguration globaler Produktionsverbünde, die die Einflussgrößen Produktdesign, Prozessgestaltung und Standortentscheidung berücksichtigt
2. Herleitung der Abhängigkeiten der Einflussgrößen zwischen Produkt und Standort, zwischen Produkt und Prozess und zwischen Prozess und Standort
3. Ableitung und Vorgehensweise zur quantitativen und qualitativen Bewertung globaler Produktionsverbünde
4. Aufbau und Erprobung entsprechender Softwaremodule für eine effiziente und effektive Bewertung globaler Produktionsverbünde
5. Nachweis der Anwendbarkeit der neuen Methodik für die Optimierung eines bestehenden Produktionsverbunds
6. Nachweis der Anwendbarkeit der neuen Methodik zur Konfiguration neuer Produktionsverbundszenarien
7. Beschreibung eines Phasenmodells zur langfristigen Unterstützung der Umsetzung der Anforderungen, die eine Internationalisierungsstrategie an Tier1-Unternehmen stellt.

Die Planung und anschließende Konfiguration der Produktionsverbünde ist sehr aufwendig. Die Methode unterstützt dabei, bei der Planung strukturiert vorzugehen, erzeugt aber gerade am Anfang mehr Aufwand, wodurch die Anwendung gescheut werden könnte. Problematisch ist auch die Abhängigkeit der Methode von Datenbanken, die sich während der Entwicklung der Methode noch im Aufbau befinden. Solange die Datenbanken nicht etabliert sind, wird die Prozessauswahl deutlich erschwert oder erzeugt einen immens hohen Aufwand. Für KMU ist die Methode zwar anwendbar, wird aber vermutlich zu keiner Zeit sinnvoll sein, da KMU nicht über ein einem Großunternehmen vergleichbaren Standortnetzwerk verfügen. Für eine Bewertung eines einzigen Standorts ist die Methode nicht geeignet.

Ist die Methode jedoch etabliert, erleichtert sie mit Hilfe der Datenbanken die Konfiguration eines globalen Produktionsverbunds enorm. Als nächste Stufe kommt gemäß des Phasenmodells in Abbildung 3.25 eine Optimierung der Distribution und der Stückzahlverteilung innerhalb des konfigurierten Produktionsverbunds. Die Stufe kann durch Methoden des Supply Chain Management (SCM) unterstützt werden.

Unternehmen, die SCM konsequent einsetzen, agieren deutlich erfolgreicher. Der Schlüssel zum Erfolg liegt hierbei in der Optimierung der Wertschöpfungskette durch die unternehmensübergreifende Wertschöpfungskette. Dennoch bleibt es bei 60 Prozent der 350 beteiligten deutschen Unternehmen bei den ersten Schritten des SCM. Die Aussage trifft eine vom Bundesverband für Materialwirtschaft, Einkauf und Logistik beauftragte Studie [Bme00]. Um verborgenes Potential in der Wertschöpfungskette aufzuzeigen, ist SCM der führende Ansatz [Aff02].

Das Potential der Planung globaler Produktionsverbünde kann durch die Umsetzung von SCM und der Folgestufen innerhalb des Phasenmodell in Abbildung 3.25 deutlich gesteigert werden. Abbildung 5.1 stellt das Potential schematisch dar.

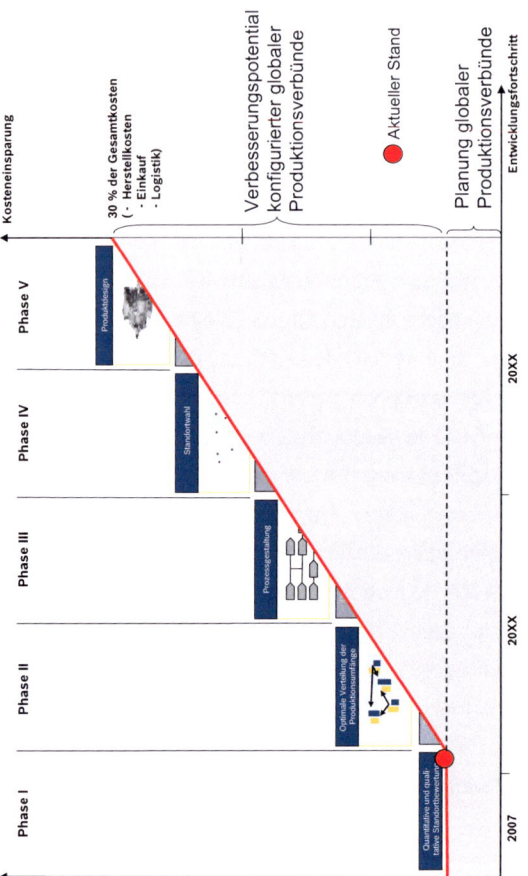

Abb. 5.1: Verbesserungspotential der Planung globaler Produktionsverbünde modifiziert nach [Gra07b]

Abbildung 5.1 zeigt die Möglichkeiten bei der vollständigen Umsetzung des Phasenmodells auf. Die 30 Prozent der Gesamtkosten (total landed costs) werden mit der Methode aus Kapitel 3 nur zu einem kleinen Teil erreicht. Der Rest ist eindeutig in der Optimierung des globalen Produktionsverbunds zu holen. Das kann eine Änderung der Strategie eines Unternehmens zur Folge haben, was die Anwendung   der   Methodik   nicht   erleichtert.

6. Literaturverzeichnis

[Abe06]   Abele, E.; Näher, U.; Kluge, J.: Handbuch Globale Produktion, 1.
           Auflage, Hanser Verlag GmbH, München, 2006

[Aff02]   Affeld, D.: Mit Best Practice im Supply Chain Management zur
           Optimierung der Wertschöpfungskette, in: Supply Network Management
           – Mit Best Practice der Konkurrenz voraus, hrsg. v. Vögele, A.R.;
           Zeuch, M., Gabler Verlag GmbH, Stuttgart, Januar 2002

[Ali05]   Alicke, K.: Planung und Betrieb von Logistiknetzwerken –
           unternehmensübergreifendes Supply Chain Management; Springer
           Verlag, München, 2005

[And88]   Andreasen, M.M.; Kähler, S.; Lund, T.: The Lucas DFA technique, in:
           Design for Assembly, IFS Publications, Springer Verlag Berlin, Lyngby,
           1988

[Bac03]   Backhaus, K.; Braun, C.; Schneider, J.: Strategische
           Globalisierungspfade, in: Hungenberg, H.; Meffert, J.: Handbuch
           Strategisches Management, Gabler Wissenschaftsverlag, Wiesbaden,
           2003

[Bam96]   Bamberger, I.; Wrona, T.: Globalisierungsbetroffenheit von Klein- und
           Mittelunternehmen: Ergebnisse einer empirischen Studie, in: Tichy,
           G.E.: Wege zur Ganzheit, Duncker und Humblot, Berlin, 1996

[Ban92]   Bandemer, H.; Näter, W.: Fuzzy Data Analysis. Kluwer Academic
           Publishers, 1992

[Bau95]   Bauer, S.; Götz, W.B.: Wirtschaftliche Montage am Produktionsstandort
           Deutschland - Ein Praxisbeispiel aus der Automobil-Zulieferbranche,
           Teubner Verlag, Stuttgart, 1995

[Bau07]   Bauer, T; Kreppenhofer, D.: Modellunterstützte Kapazitätsplanung in
           der variantenreichen Serienproduktion, in: ZWF – Zeitschrift für
           wirtschaftlichen Fabrikbetrieb, Jahrgang 102 (2007) 3, S. 116 – 121,
           Chemnitz, 2007

[Bec07]   Bechmann, R.; Wendt, M.: Erfolgreiches Global Sourcing durch
           Lieferantenmanagement, in: Automobil Produktion, Sonderausgabe
           2007, Internationale OEM-Produktionsstandorte, Verlag Moderne
           Industrie Landsberg, Sindelfingen, 2007

[Beh98]   Behr, M. von: Globale Produktion und Industriearbeit:
           Arbeitsorganisation und Kooperation in Produktionsnetzwerken,
           Campus Verlag, Frankfurt a. M., 1998

[Bel70]   Bellmann, R.; ZAdeh, L.: Decision in a fuzzy envorinment, in:
           Management Science, Vol. 17, No.4 (1970), S. B-144ff

[Ber00]   Bernard, T: Ein Beitrag zur gewichteten multikriteriellen Optimierung
           von Heizungs- und Lüftungsregelkreisen auf Grundlage des Fuzzy
           Decision Making, Universitätsverlag Karlsruhe, Karlsruhe, Januar 2000

[Ber04]   Ergebnisse aus einer Umfrage zum Thema „Global Footprint Design",
           Roland Berger Strategy Consultants, Publikationen, München 2004

[Bha04]   Bhattacharya, A.; Bradtke, T.; Hemerling, J.; Lebreton, J.; Mosquet, X.;
           Rupf, I; Sirkin, H.; Young, D.: Capturing global advantage, White Paper,
           S.7 ff, Report by Boston Consulting Group, Inc., Boston, April 2004

[Bme00]   Bundesverband für Materialwirtschaft, Einkauf und Logistik e.V.: Mit
           Best Practice im Supply Chain Management zur Optimierung der
           Wertschöpfungskette, Frankfurt am Main, 2000

[Boe07]   Böckmann, T.: Anforderungen an das Produktdesign durch global
           segmentierte Produktion, Stuttgart, 2007

[Boo02]   Boothroyd, G.; Dewhurst, P.; Knight, W.: Product Design for
           Manufacture and Assembly, Second Edition, Dekker New York, 2002

[Bos05]   Bosch, Interne Schulungsunterlagen, Stand 20. April 2005

[Bro89]   Brockhaus, Enzyklopädie in 24 Bänden, 19. Auflage, Band 8,
           Bibliographisches Institut & F.A. Brockhaus AG Großdruckerei und
           Verlag GmbH, Mannheim, 1989

[Bul86]   Bullinger, H.-J.: Systematische Montageplanung – Handbuch für die
           Praxis, Hanser Verlag München, Stuttgart 1986

[Bul02]   Bullinger, H.-J.; Warnecke, H. J.; Westkämper, E.: Neue
           Organisationsformen im Unternehmen – Ein Handbuch für das moderne
           Management, 2. Auflage, Springer Verlag Berlin Heidelberg New York,
           Stuttgart, 2002

[Cha03]   Chan, V.; Salustri, F.: DFA - The Lucas Method: Proceedings of the
           Ryerson University, Institute for Mechanical and Industrial Engineering,
           Toronto, 2003

[Cor94]   Corsten, H.: Handbuch Produktionsmanagement: Strategie – Führung –
             Technologie - Schnittstellen, 11. Auflage, Gabler Verlag Wiesbaden,
             Kaiserslautern, 1994

[Cor01]   Corsten, H.: Unternehmungsnetzwerke: Formen unternehmungs-
             übergreifender Zusammenhänge, 1. Auflage, Oldenbourg
             Wissenschaftsverlag GmbH, Kaiserslautern, 2001

[Dei92]   Deiß, M.;Döhl, V.: Vernetzte Produktion , Automobilzulieferer zwischen
             Kontrolle und Autonomie: Von der Lieferbeziehung zum
             Produktionsnetzwerk, Campus Verlag Frankfurt/Main, München,
             September 1992

[Del92]   Delchambre, A.: Computer-aided assembly planning, Chapman & Hall,
             London, 1992

[Dud85]   Duden, Bedeutungswörterbuch, 2. Auflage, Band 10,
             Bedeutungswörterbuch, Bibliographisches Institut & F.A. Brockhaus AG
             Großdruckerei und Verlag GmbH, Mannheim, 1985

[Ehr03]   Ehrlenspiel, K.: Integrierte Produktentwicklung: Denkabläufe,
             Methodeneinsatz, Zusammenarbeit, 2. Auflage, Hanser Verlag
             München Wien, München, 2003

[Eng07]   Engelhardt, K.: Globaler Produktionsverbund – Quantitative und
             qualitative Standortentscheidung, Stuttgart, 2007

[Enq02]   N.N.: Enquete-Kommision: Globalisierung der Weltwirtschaft –
             Herausforderungen und Antworten, Bundestagsdrucksache 14/2350,
             Berlin 2002

[Esc95]   Eschenbach, R.; Kunesch, H.: Strategische Konzepte, 2. Auflage,
             Schäffer Poeschel Verlag Stuttgart, 1995

[Eve00]   Eversheim, W.; Dohms, R.; Schellberg, O.: Produktion in globalen
             Netzwerken, in: wt Werkstattstechnik online 90 (2000) Heft 5, S. 183-
             187, Aachen, 2000

[Eve05]   Eversheim, W.; Schuh, G.: Integrierte Produkt- und Prozessgestaltung,
             Springer Verlag Berlin Heidelberg, Aachen, 2005

[Feh07]   Fehrenbach, F.: Eröffnungsrede zur Fertigungstagung 2007, interne
             Vortragsreihe, Robert Bosch GmbH, Homburg, 2007

[Fel00]   Feldmann, K.; Rottbauer, H.: Elektronikproduktion – Strategisches
           Produktionsfeld im globalen Wettbewerb, 1. Auflage, TCW Transfer-
           Centrum GmbH des Univ.-Prof. Dr. Horst Wildemann, München, 2000

[Fel00]   Feldmann, K.; Reinhardt, A.; Pfeffer, M.: Montage in der
           Leistungselektronik für globale Märkte – Design, Konzepte, Strategien,
           1. Auflage, Springer Verlag Berlin Heidelberg, Erlangen, 2009

[Fri07]   Fritz, J.; Grauer, M.: Methodik zur Erzeugung simulationsbasierter
           Kennfelder, in: Industrie Management, Industrielles
           Informationsmanagement, 23 (2007) 4, S.21-25, Gito Verlag Berlin,
           Schwieberdingen, 2007

[Gab88]   Gabler Wirtschafts-Lexikon in sechs Bänden, 12. Auflage, Band 4,
           Betriebswirtschaftlicher Verlag Dr. Th. Gabler GmbH, Wiesbaden 1988

[Gas95]   Gassert, H.; Hrováth, P.: Den Standort richtig wählen – Erfolgsbeispiele
           für internationale Standortentscheidungen, hrsg. von Hrováth, P.,
           Schäffer Poeschel, Stuttgart, 1995

[Ger07]   Gerlach, W.: Kostenoptimierung in der Automobilindustrie, in:
           Automobiltechnische Zeitschrift (ATZ), Band 109 (2007) Heft Sh:
           Automotive Engineering Partners, S. 30 ff., GWV Fachverlage,
           Wiesbaden, 2007

[Gla01]   Glampe, B.: Kosten, Investitionen und Controlling in: Burckhardt, W.
           (Hrsg.): Das große Handbuch Produktion, Verlag Moderne Industrie,
           Landsberg/Lech, Idar-Oberstein, 2001

[Glo08]   Glos, M.: Interview mit Industrie Management, Thema „China", Gito-
           Verlag, Heft 24 (2008) 1, S. 9 – 11, Berlin, 2008

[Goe05]   Götz, A.: Das neue Detroit im Osten, Automobil-Produktion, Ausgabe
           Dezember 2005, Dezember, 2005

[Gra07]   Grauer, M.; Nowitzky, I.; Fritz, J.: Produktgestaltung in globalen
           Produktionsverbünden – Ein Abgleich zwischen Produktdesign,
           Prozessgestaltung und Standortwahl, in: Industrie Management,
           Globalisierung und Produktion, 23 (2007) 1, S. 56-59, Stuttgart, 2007

[Gra07a]   Grauer, M.; Böckmann, T.: Globaler Produktionsverbund –
           Interdependenzen zwischen Produktdesign und Standortwahl, in: ZWF
           – Zeitschrift für wirtschftlichen Fabrikbetrieb, Jahrgang 102 (2007) 5, S.
           299 – 304, Stuttgart, 2007

[Gra07b]   Grauer, M: Globally distributed manufacturing networks, at: World Congress of Engineering and Computer Science 2007, 24th – 26th of October, San Francisco, S. 995-998, Stuttgart, 2007

[Gro03]   Große-Heitmeyer, V.; Mühlenbruch, H.: Montage in Deutschland: Marktorientiert, rationell, flexibel, hrsg. von Wirth, U.; Vielhaber, W.; Mühlenbruch, H.; Große-Heitmeyer, V.: Tagungsband, 17. und 18. September 2003, Institut für Fabrikanlagen und Logistik, Universität Hannover, 2003

[Gro05]   Große-Heitmeyer, V.: Globalisierungsgerechte Produktgestaltung auf Basis technologischer Kernkompetenzen, Dissertation, Hannover, 2005

[Gut00]   Gutmann, J.; Kabst, R.: Internationalisierung im Mittelstand; Gabler Wissenschaftsverlag, Wiesbaden, 2000

[Hah99]   Hahn, D.; Laßmann, G: Produktionswirtschaft – Controlling industrieller Produktion, Band 1 + 3, hrsg. von Hahn, D., Physica Verlag Heidelberg, Gießen, 1999

[Hai06]   Haid, A.; Niemann, J.: Kosten senken durch optimale Materialflüsse – Reorganisation einer flexiblen Fertigung mittels Wertstromdesign, in: Zeitschrift Werkstatt und Betrieb - Special Fahrzeugproduktion, Hanser Verlag München, Heft WB 4/2006, S.78, Stuttgart, 2006

[Han74]   Hansmann, K.-W.: Entscheidungsmodelle zur Standortplanung der Industrieunternehmen, Gabler Wissenschaftsverlag Wiesbaden, München, 1994

[Her02]   Herbertz, F.: Einflussfaktoren bei internationalen Standort-entscheidungsprozessen, Lang Verlag, Frankfurt a. M., 2002

[Her06]   Herm, M.: Konfiguration von globalen Wertschöpfungsnetzwerken auf Basis von Business Capabilities, Dissertation, Shaker Verlag, Aachen 2006

[Hof92]   Hofmaier, B.; Kißler, L.; Lane, C.; Mehl, R.: Beiträge zu Entwicklungen der Automobilzulieferindustrie, in: Vernetzte Produktion, Automobilzulieferer zwischen Kontrolle und Autonomie, hrsg. v. Deiß, M.; Döhl, V., Campus Verlag Frankfurt/Main, München, September 1992

[Hub84]   Hubka, V.: Theorie technischer Systeme: Grundlagen einer
           wissenschaftlichen Konstruktionslehre, 2. Auflage, Springer Verlag,
           Berlin und Heidelberg, 1984

[Hum97]   Hummel, B.: Internationale Standortentscheidung: Einflussfaktoren,
           informatorische Fundierung und Unterstützung durch computer-
           gestützte Informationssysteme, Dissertation, Haufe Verlag, Freiburg,
           1997

[Ihd91]   Ihde, G.B.: Transport, Verkehr, Logistik: gesamtwirtschaftliche Aspekte
           und einzelwirtschaftliche Handhabung, Vahlen Verlag München, 1991

[Jac05]   Jacob, F.: Quantitative Optimierung dynamischer
           Produktionsnetzwerke, Dissertation, Shaker Verlag Aachen, 2005

[Jün89]   Jünemann, R.: Materialfluss und Logistik: systemtechnische
           Grundlagen mit Praxisbeispielen, Springer Verlag Berlin, 1989

[Khu07]   Khurana, A.: A Quantum Leap for Global Footprints – Designing
           Worldwide Capabilities with a Competitive Edge, in: PRTM Insight,
           Third Quarter 2007, Directors Board, Burlington MA, USA, 2007

[Kin03]   Kinkel, S.: Dynamische Standortbewertung und strategisches
           Standortcontrolling - Erfolgsmuster, kritische Faktoren, Instrumente:
           Lang Verlag, Frankfurt am Main, Karlsruhe, 2003

[Kin04]   Kinkel, S.: Erfolgsfaktor Standortplanung – In- und ausländische
           Standorte richtig bewerten, Springer Verlag Berlin, Karlsruhe, 2004

[Kin07]   Kinkel, S.; Zanker, C.: Globale Produktionsstrategien in der
           Automobilzulieferindustrie – Erfolgsmuster und zukunftsorientierte
           Methoden zur Standortbewertung, Springer Verlag Berlin, Karlsruhe,
           2007

[Kli93]   Klippel, B.: Raumsysteme der europäischen Automobilindustrie:
           Bestimmungsfaktoren und Entwicklung der räumlichen Strukturen der
           europäischen PKW-Produktion, Huss Verlag München, 1993

[Koe92]   Köhler, R.: Marktsättigung als absatzwirtschaftliches
           Kapazitätsproblem, in: Kapazitätsmessung, Kapazitätsgestaltung,
           Kapazitätsoptimierung – eine betriebswirtschaftliche Kernfrage, hrsg. v.
           H. Corsten, R. Köhler, H. Müller-Merbach und H.-H. Schröder, Stuttgart
           1992

[Kon99]   Kontny, H.: Standortplanung für internationale Verbundproduktions-
           systeme, Dissertation, Deutscher Universitätsverlag, Wiesbaden, 1999

[Kue08]   Kühnle, H.; Wagenhaus, G.; Bergmann, U.: Der „China-Preis-Faktor" –
           Wirkungen der Chinesischen Industriekapazitäten auf
           Produktionsstrategien und Betriebsstrukturen, in: Industrie
           Management, Gito – Verlag, Heft 24 (2008) 1, S. 23 – 26, Magdeburg,
           2008

[Kug06]   Kugler, A.: Planung internationaler Fertigungsstandorte, Fachgespräch
           bei der Robert Bosch GmbH, Sommer 2006

[Lan06]   Lanza, G.; Herm, M.; Ude, J.: Anlaufleistung in Wertschöpfungs-
           netzwerken, in: wt Werktstattstechnik online, Jahrgang 96 (2006), Heft
           4, S. 233-238, Karlsruhe, 2006

[Lan07]   Lanza, G; Ude, J; Fronia, P.: Bewertung der Anlauffähigkeit in
           Netzwerken, in: wt Werkstattstechnik online, Springer Verlag, Jahrgang
           97 (2007) 4, S. 262 – 266. Karlsruhe, 2007

[Lay01]   Lay, G.: Leitfaden zu: Globalisierung erfolgreich meistern, VDMA Verlag
           Frankfurt, Karlsruhe, 2001

[Lin99]   Lindemann, U.: Benchmarking von Produktentwicklungsprozessen, in:
           Produktklinik - Wertgestaltung von Produkten und Prozessen,
           Wildemann, H., München, Oktober 1999

[Mat06]   Matt, D.T.: Value Stream Oriented Planning of Supply Networks, in:
           Proceedings of INCOM 2006, S. 547-553 – 12th IFAC Symposium on
           Information Control Problems in Manufacturing, Saint-Étienne, 2006

[Mat07]   Matt, D.T.: Die Kraft der kleinen Strukturen – Beschäftigungssicherung
           durch strukturiertes Unternehmenswachstum im Netzwerk, in: Industrie
           Management – Beschäftigungssicherung, Heft 23 (2007) 2, S. 41-44,
           Gito Verlag Universität Bremen, Bozen, 2007

[McK05]   ProNet-Studie von McKinsey und PTW Darmstadt: How to go global –
           Chancen globaler Produktion, Ergebnisse einer Umfrage von
           Unternehmen, Broschüre, Frankfurt, 2005

[Mer99]   Merath, F.: Logistik in Produktionsverbundsystemen, Dissertation ,
           Huss Verlag München, 1999

[Mey05]   Meyer, T.: Globale Produktionsnetzwerke – Ein Modell zur
            kostenoptimierten Standortwahl, Dissertation, Shaker Verlag Aachen,
            Singapur, 2005

[Mey06]   Meyer, T.; Abele, E.: Standortgerechte Fertigung entscheidet über den
            Erfolg, in: VDI Nachrichten: Technik und Wissenschaft – Globale
            Produktion (2), Exemplar Nr. 10, VDI Verlag Düsseldorf, Darmstadt,
            März 2006

[Mey07]   Meyer, A.; Grauer, M.: Konzept einer entwicklungsbegleitenden
            Wissenbasis respektive Datenbank, Präsentation auf Fachsitzung des
            IAK Leistungselektronik, FhG IZM, Berlin, 2008

[Mey09]   Meyer, A.; Grauer, M.; Rittner, M.: Methodisches Vorgehen zur
            integralen Auslegung von Produkt und Montage, hrsg. v. K. Feldmann,
            A. Reinhardt, M. Pfeffer, 1. Auflage, Springer Verlag Heidelberg Berlin,
            Erlangen, 2009

[Mik07]   Mikut, R.: Automatisierte Datenanalyse in der Medizin und
            Medizintechnik, Habilitation, Universität Karlsruhe, 2007

[Moe06]   Möhwald, H.: Globales Varianten Produktionssystem, Informationsbrief
            I, Möhwald Unternehmensberatung, Göttingen, Juli 2006

[Mor04]   Moryson, R.: Systematische rechnerunterstützte Prozessauswahl und
            Prozesskettenerstellung in der Grobplanungsphase der
            Produktionsplanung, Fortschrittsberichte VDI Reihe 20 Nr. 388, VDI
            Verlag Düsseldorf, Schwieberdingen, 2004

[Muc05]   Muckenhirn, R.: Konfigurierbares Leitsystem für modulare
            Montagezellen am Beispiel von Festplatten, Dissertation, Jost-Jetter-
            Verlag Heimsheim, Stuttgart 2005

[Nyh04]   Nyhuis, P.; Mühlenbruch, H.: Das Produktionsstufenkonzept – ein
            prozesskettenorientierter Ansatz der variantenreichen Produktion.
            Begleitband zum Hannover Kolloquium 2004 – Produktionsstandorte
            sichern durch innovative Prozessketten, Berichte aus dem PZH, hrsg.
            von Bach, F.W.; Behrens, B.-A.; Denkena, B.; Nyhuis, P., Verlag PZH
            GmbH, Hannover, 2004

[Nyh09]   Nyhuis, P.; Nickel, R.; Tullius, K.: Globales Varianten Produktions-
            system – Globalisierung mit System, PZH Produktionstechnisches
            Zentrum GmbH Verlag, Hannover, 2009

[Oec05]   N.N.: Organisation for Economic Cooperation and Development
            (OECD): Measuring Globalisation, OECD Economic Globalisation
            Indicators 2005, Paris, 2005

[Pah03]   Pahl, G.; Beitz, W.: Konstruktionslehre: Grundlagen erfolgreicher
            Produktentwicklung - Methoden und Anwendung, 5. Auflage, Springer
            Verlag, Berlin und Heidelberg, 2003

[Per95]   Perlitz, M.: Internationales Management, 2. Auflage, Fischer Verlag,
            Stuttgart, 1995

[Pfo96]   Pfohl, H.- Ch.: Logistiksysteme: Betriebswirtschaftliche Grundlagen,
            Springer Verlag Berlin, 1996

[Rei06a]   Reinhart, G.; von Bredow, M.: Methoden zur Gestaltung und
            Optimierung von Wertschöpfungsnetzen. Werkstatttechnik online
            (2006) 7/8, S. 561-565., München, 2006

[Rei06b]   Reinhart, G.; von Bredow, M.; Neise, P.; Sudhoff, W.: Produzieren in
            globalen Netzwerken, 8. Münchner Kolloquium, Tagungsband des
            Kongresses, München, 2006

[Rei08]   Reichert, F.; Kunz, A.; Moryson, R.: MAE-P3 – A system to gain
            transparency of production structure as a basis for production relocation
            planning, at: 19th International Conference on Systems Engineering, S.
            458 – 463, Las Vegas, 2008

[Rii01]   Riitahuhta, A.; Pulkkinen, A.: Design for configuration: a debate based
            on the 5th WDK Workshop on Product Structuring, S.30 ff, Springer
            Verlag Berlin Heidelberg u.a., 2001

[Rol04]   Roland Berger Strategy Consultants: Global Footprint Design – Die
            Spielregeln der internationalen Wertschöpfung beherrschen, Studie der
            WZL RWTH Aachen und RB Strategy Consultants, Aachen München,
            2004

[Sau92]   Sauer, D.: Auf dem Weg in die flexible Massenproduktion, in: Vernetzte
            Produktion, Automobilzulieferer zwischen Kontrolle und Autonomie,
            hrsg. v. Deiß, M.; Döhl, V., Campus Verlag Frankfurt/Main, München,
            September 1992

[Sch87]   Schneider, D.: Allgemeine Betriebswirtschaftslehre, Springer Verlag
            München/Wien, 3. Auflage, 1987

[Sch89]   Schulte, C.: Das Modell der Fertigungssegmentierung aus personeller
            und organisatorischer Sicht, Dissertation an der Universität Passau
            1988, Bergisch Gladbach/Köln, 1989

[Sch94a]   Schubert, K.: Netzwerke und Netzwerkansätze: Leistungen und
            Grenzen eines sozialwissenschaftlichen Konzeptes, in:
            Netzwerkansätze im Business-to-Business-Marketing. Beschaffung,
            Absatz und Implementierung neuer Technologien, hrsg. v. M.
            Kleinaltenkamp und K. Schubert, Wiesbaden, 1994

[Sch94b]   Schröder, H.-H.: Wertanalye als Instrument optimierender
            Produktgestaltung, in: Handbuch Produktionsmanagement – Strategie,
            Führung, Technologie, Schnittstellen, hrsg. v. H. Corsten,
            Betriebswirtschaftlicher Verlag Dr. Th. Gabler GmbH Wiesbaden,
            Eichstätt/Ingolstadt, 1994

[Sch99]   Schulte, C: Logistik, S. 8ff., Vahlen Verlag, München 1999

[Sch02]   Schellberg, O.: Effiziente Gestaltung von globalen
            Produktionsnetzwerken, Dissertation, Shaker Verlag Aachen, 2002

[Sch04]   Schuh, G.; Merchiers, A.; Kampker, A.: Geschäftskonzepte für global
            verteilte Produktion, in: wt werkstattstechnik online, S. 52 - 57,
            Jahrgang 94 (2004), Heft 3, Aachen, 2004

[Sch05]   Schuh, G.: Produktkomplexität managen: Strategien, Methoden, Tools,
            2. Auflage, Carl Hanser Verlag München Wien, Aachen 2005

[Sch05a]   Schuh, G.: Mit Lean Innovation zu mehr Erfolg, in: 2. Lean Management
            Summit – Aachener Management Tage, hrsg. von Schuh, G.; Wiegand,
            B., WZL, Aachen, 2005

[Sch08]   Schuh, G.; Franzkoch, B.; Hoeschen, A.; Ivanescu, S.: Methode zur
            Verlagerung von F&E-Umfängen an einen Niedrigkostenstandort, in –
            Zeitschrift für wirtschaftlichen Fabrikbetrieb, Jahrgang 103 (2008) 12, S.
            851 – 855, Carl Hanser Verlag München, Aachen, 2008

[Sch09]   Schmauch, E.: Segmentierung von Produkten und Prozessen, in:
            Montage in der Leistungselektronik für globale Märkte, 1. Auflage,
            Springer Verlag Berlin Heidelberg, hrsg. von Feldmann, K., Erlangen,
            2009

[Sem93]   Semlinger, K.: Effizienz und Autonomie in Zulieferungsnetzwerken –
            zum strategischen Gehalt von Kooperationen, in:

Managementforschung 3, hrsg. von Stähle, W.H., und Sydow, J.,
Berlin/New York, 1993

[Sho04]   Shorten, D.; Pfitzmann, M.; Mueller, C.: Taking the right steps –
Manufacturing Footprint Design as a competitive imperative, Booz Allen
Hamilton, Chicago, 2004

[Sim00]   Simon, H.: Die heimlichen Gewinner – Erfolgsstrategien unbekannter
Weltmarktführer, Campus Verlag, München, 2000

[Som05]   Sommerhoff, B.; Kaerkes, W.: Qualitätsmanagement in Deutschland:
Den Spiegel vorhalten, in: Qualität und Zuverlässigkeit, Jahrgang 51
(2006) 2, S. 16-19, Carl Hanser Verlag München, Frankfurt am Main,
2005

[Ste96]   Steger, U.: Globalisierung der Wirtschaft – Konsequenzen für Arbeit,
Technik und Umwelt, in: Ladenburger Diskurs, Steger, U. (Hrsg.),
Springer Verlag, Berlin Heidelberg, Kongress Ladenburg, 1996

[Stu02]   Stuhec, U.: Methode zur kompetenzorientierten Gestaltung von
Entwicklungsprozessen, Joste-Jetter Verlag, Heimsheim, 2002

[VDA07]   N.N.: Auto-Jahresbericht 2007, Verband der Automobilindustrie (VDA),
Frankfurt, 2007

[Wen01]   Wenzel, R.: Industriebetriebslehre: Das Management des
Produktionsbetriebs, Carl Hanser Verlag München, 2001

[Weu02]   Weule, H.: Integriertes Forschungs- und Entwicklungsmanagement,
Carl Hanser Verlag München, Karlsruhe, 2005

[Wie04]   Wiendahl, H.-P.; Gerst, D.; Keunecke, L. (Hrsg.):
Variantenbeherrschung in der Montage – Konzept und Praxis der
flexiblen Produktionsendstufe, Springer Verlag, Berlin Heidelberg, 2004

[Wil88]   Wildemann, H.: Die modulare Fabrik: Kundennahe Produktion durch
Fertigungssegmentierung, gfmt Verlag, 2. Auflage, München, 1988

[Wil94a] Wildemann, H.: Standortplanung in Produktionsnetzwerken – Leitfaden
zur Standortplanung für Zulieferunternehmen, Hersteller und
Kooperationspartner, TCW- Transfer Centrum GmbH, München, 1994

[Wil97]   Wildemann, H.: Koordination von Unternehmensnetzwerken, in:
Zeitschrift für Betriebswirtschaftslehre, Heft 67, S. 417-439, 1997

[Wil98]   Wildemann, H.: Die modulare Fabrik – Kundennahe Produktion durch
            Fertigungssegmentierung, Schriftenreihe des TCW Transfer-Centrum
            München GmbH, München, 2004

[Wil94b]   Will, T.: Wettbewerbsstrategien und Produktionsorganisation, in:
            Handbuch Produktionsmanagement – Strategie, Führung, Technologie,
            Schnittstellen, hrsg. v. H. Corsten, Betriebswirtschaftlicher Verlag Dr.
            Th. Gabler GmbH Wiesbaden, Stuttgart, 1994

[Wom03]   Womack, J.P.; Jones, D.T.; Roos, E.: Lean Thinking – Banish Waste
            and create Wealth in your Corporation, 1st revised and updated edition,
            New York, 2003

[Xie03]   Xie, X.: Design for Manufacture and Assembly, Department of
            Mechanical Engineering, University of Utah, 2003

[Yoo95]   Yoon, K. P.; Hwang, C.-L.: Multi Attribute Decision Making – An
            Introduction, in: A Sage University paper: Quantitative Applications in
            the Social Sciences, Nr. 104, preface, Sage Publications Inc. Thousand
            Oaks, 1995

[Zah94]   Zahn, E.: Produktion als Wettbewerbsfaktor, in: Handbuch
            Produktionsmanagement – Strategie, Führung, Technologie,
            Schnittstellen, hrsg. v. H. Corsten, Betriebswirtschaftlicher Verlag Dr.
            Th. Gabler GmbH Wiesbaden, Stuttgart, 1994

[Zel06]   Zelewski, S.; Peters, M. L.: Multikriterielle Wirtschaftlichkeitsanalysen
            mit Hilfe des [Analytic] Hierarchy Process, in: Das Wirtschaftsstudium,
            35. Jhrg. (2006), Heft 8/9, S. 1069-1075 und 1121, Lange Verlag
            Düsseldorf, 2006

[Zun99]   Zundel, P.: Management von Produktionsnetzwerken: Eine Konzeption
            auf Basis des Netzwerkprinzips. Deutscher Universitätsverlag GmbH,
            Wiesbaden, 1. Auflage, 1999

7. Anhang

Anhang A

Zum Thema Planung globaler Produktionsverbünde wurde zunächst eine „wilde" Ansammlung von Fragestellungen und Einflussgrößen rund um das Thema zusammengetragen. Nach der Ordnung der Fülle von Daten wurden drei Bereiche erkennbar, denen die einzelnen Punkte zugeordnet werden können. Ein vierter Bereich mit Einflussgrößen blieb ebenfalls bestehen. In Anhang A.1 sind die Inhalte aufgeführt.

Produktdesign	Standortentscheidung	Prozessgestaltung
→ Wie Know-How-Verlust verhindern (z.B. Kopierschutz) → Wie kann das Produkt-Design die Produktionssegmentierung unterstützen? (z.B. ProMoLeS)	→ Produktionssegmentierung: Wo welche Fertigungs-/Montageschritte → Wo welcher Wertschöpfungsanteil? → Joint-Ventures, Outsourcing? → Aufbaukonzept für Infrastruktur und MA-Schulung → Wieviele Standorte/Werke? → Standardisierte oder Standort-angepasste Werke? → Wie können komparative Standortvorteile optimal genutzt werden? → PLZ-spezifische Planung? z.B. Hochlauf und Optimierung von Linien an HKS, später Verlagerung an NKS	→ Wie kann Know-how Verlust von Prozessen oder Technologien verhindert werden? → Liegen standardisierte oder standortangepasste Linien oder Prozesse vor? → Verändern sich Linien beim Transfer von HKS zu NKS? → Wie kann das Anlaufmanagement optimiert werden?

A.1: Entstehung der drei Einflussgrößen

Zusätzlich zu den oben genannten Daten wurden die Einflussgrößen festgehalten. Die Einflussfaktoren sind in Anhang A.2 abgebildet.

> → Neue Randbedingungen wie Gesetze, Politik, Umwelt, etc.
> → Kulturelle Differenzen
> → Zusätzliche administrative Aufwände wie Behörden, Trouble-Shooting, Infrastruktur, Bustransfer, Dolmetscher
> → Erschließung von neuen und auch Wachstumsmärkten wie China
> → Was ist wichtiger? Erzeugnismenge oder Innovationsführerschaft
> → Standortsicherung
> → Imagegewinn/ -verlust: „Made in Germany"
> → Marktnahe Produktion
> → Zuliefereranbindung; Logistikzusammenhänge (SCM)
> → Transportaufwand, -risiken, -dauer gegenüber Pull-Prinzip
> → Mitarbeiterverfügbarkeit und Mitarbeiterqualifikation
> → Know-how Verlust als Risiko

A.2: Einflussfaktoren, die zwischen den drei Bereichen stehen

Die Tabelle und die Einflussfaktoren entwickelten sich zur Darstellung, wie es in Abbildung 1.1 der Einleitung zu entnehmen ist. Dabei bilden die Tabellenspalten je eine der drei Einflussgrößen ab, die Abhängigkeiten der einzelnen Einflussgrößen untereinander werden durch die Pfeile dargestellt.

Nachdem die Zielstellung der Arbeit klar ist, muss das Entwicklungsumfeld näher untersucht werden. Dazu werden verschiedene Formen von Internationalisierungsstrategien herangezogen. Nach der Untersuchung stellt sich heraus, dass die transnationale Strategie am besten für die Methode in Kapitel 3 geeignet ist. Die anderen Strategien sind in Anhang A.3 dargestellt.

Nationale Strategie, „Western European Value Creator" oder Exportstrategie	
Beschreibung	• Nahezu alle Wertschöpfungsprozesse sind an einem Standort, einer Region oder einem Land angesiedelt • Auslandsmärkte werden durch den Export von Fertigprodukten aus dem Stammhaus bedient • Viele der Firmen, die diese Strategie verfolgen, produzieren technologieintensive Produkte
Reaktion	Globale Beschaffung („global sourcing"): Unternehmen nutzen sinkende Transportkosten und sich entwickelnde Märkte in aufstrebenden Industrieländern, um Kosten für Vorleistungen zu senken. Die Strategie bietet sich an, wenn nationale Standortvorteile überwiegen. Dieser Strategietyp ist der Ausgangspunkt für Unternehmen, die in Zukunft eine Internationalisierung planen.
Beispiel	• „Exportweltmeister" (höchste Exportvolumen eines Landes weltweit) Deutschland • Computerbranche: nordamerikanische Unternehmen durch ihre Überlegenheit in Produktivität und Technik mit dieser Strategie lange die nationalen Märkte in Europa erobern. • Heute nutzen indische IT-Dienstleister die niedrigen Arbeitskosten in ihrem Land für die Akquise in Europa.
Chancen	• erschließt hochqualifiziertes Personal am Heimatstandort • kurze Kommunikationswege und aktiver Dialog zwischen Forschung & Entwicklung und der Produktion
Risiken	• Währungsrisiken • Handelshürden (Zölle) • Lange Transportzeiten von Vormaterial und zum Kunden • Standortvorteile nur eines Standortes • Höhere Faktorkosten • Geringere Flexibilität

[vgl. Rol-04, S.8] [vgl. Her-02, S.80] [vgl. Kon-99, S.82]

„Regional cost-cutter"	
Beschreibung	Günstige Vorleistungen für im Heimatland verbliebene Wertschöpfungsprozesse durch Fokus auf Kernkompetenzen
Reaktion	Lohnkostenintensive Prozesse werden verlagert („relocating" bzw. „offshoring") oder ausgelagert (Outsourcing - „outside source using")
Chancen	• Erschließung von Kostenvorteilen • Know-how verbleibt in Ursprungsland
Risiken	• Währungsrisiken • Erhöhtes Risiko für Know How Abfluss an Konkurrenten

[vgl. Rol-04, S.8]

Globale Strategie	
Beschreibung	• einzelne Aktivitäten sind geographisch auf einige wenige Standorte konzentriert • Koordination der Aktivitäten und Niederlassungen eng und weltweit abgestimmt
Reaktion	Idee: Lebensverhältnisse und damit die Bedürfnisse der Konsumenten konvergieren weltweit, daher kann auf regionale Differenzierungen verzichtet und stattdessen die Welt als einheitlicher Markt betrachtet werden
Beispiel	Standardisierte Produkte globaler Branchen wie bspw. der Luftfahrt, Automobil - oder Unterhaltungselektronikindustrie werden weltweit einheitlich produziert und angeboten
Chancen	• Erschließung von Kosten- und Qualitätsvorteilen aufgrund der Ausnutzung von Volumen- und Spezialisierungs – („economies of scale") sowie komparativer Standortvorteile (Konzentration der Fertigung in Niedriglohnländern) • Erzielen von Lern- und Erfahrungseffekten • Flexibilität bezüglich globaler Konkurrenz und globaler Kunden/Lieferanten
Risiken	• mangelnde Marktnähe: standardisiertes Produktprogramm gegebenenfalls für Kunden nicht attraktiv • mangelnde Flexibilität gegenüber lokaler Konkurrenz • erhöhte Koordinationskosten • Nichtansprache lukrativer länderspezifischer Segmente
[vgl. Her-02, S.80]	

„global market conqueror" oder multinationale Strategie	
Beschreibung	• durch Zukäufe und Fusionen „natürlich" gewachsenes Konglomerat • eine Konzernzentrale und starke ausländische Tochtergesellschaften • lokale Produktion mit engem Kundenkontakt • kaum Austausch zwischen den Tochtergesellschaften (Parallelproduktion)
Reaktion	• Weiterentwicklung der multinationale Strategie und der Strategie eines regional cost-cutters" zur „globalen Strategie" • starke Zentralisierung der Strukturen • weltweit homogene Zielmärkte
Chancen	• Lokaler Marktzugang (Verständnis für Kundenforderungen) • Flexibilität • bessere Ausnutzung der Vorteile einzelner Standorte (z.B. Steuervorteile und Subventionsangebote)
Risiken	• Redundante Produktionsprogramme und -kapazität • Synergien nur fallweise genutzt • „economies of scale" werden nicht in vollem Umfang ausgenutzt
[vgl. Rol-04, S.8] [vgl. Her-02, S.79]	

A.3: Andere Formen von Internationalisierungsstrategien

Zur Bewertung der Prozesse innerhalb der DFMA benötigt die geschilderte Vorgehensweise einen strukturierten Fragenkatalog, der ein systematisches Abfragen der Prozesse durch die Arbeitsgruppe ermöglicht. Die Checkliste enthält Kernwissen und darf deshalb im Rahmen der Arbeit nicht veröffentlicht werden. Die Checkliste dient als Fragenkatalog für den Moderator, der basierend auf den Inhalten der Arbeitsgruppe gezielt Fragen zum Produkt und dessen Montage stellen kann. So treten die Probleme, die bei der Montage in Folge der schlechten Produktgestaltung auftreten könnten, zu Tage und können im Rahmen der Arbeitsgruppe ausdiskutiert werden.

Anhang B

Beispiel für den Konstruktionsprozess am Beispiel einer Taschenlampe

Als Fallbeispiel für den in Kapitel 3.2 erläuterten Konstruktionsprozess wurde die Konstruktion einer Taschenlampe gewählt, da sie ein sehr einfaches Produkt ist.

Die aus Befragungen ermittelten in- und externen Kundenforderungen werden als Hilfestellung für die Gewichtung und spätere Anwendung hierarchisch aufgenommen. Die Gewichtung selbst erfolgt durch paarweisen Vergleich (vergleiche Anhang C.7).

Die Fragestellung lautet jeweils: „Ist Merkmal i wichtiger als Merkmal j?"

Die Bewertung erfolgt mit:

- *2 bis 9*   ja, etwas bis sehr viel wichtiger
- *1/9 bis 1/2* nein, weniger bis sehr viel weniger wichtig
- *1*   nein, gleich wichtig

Die Bewertung dient der Gewichtung der Kundenanforderungen. Bei einer informationstechnischen Umsetzung sollte die Gewichtung durch eine Sensitivitätsanalyse überprüft werden.

Vor allem die Merkmale „nicht zu heiß" und „Betriebsdauer" sind der Bewertung nach die wichtigsten. Die Gewichtung wird in die QFD- Matrix übernommen. Nach der Durchführung der *QFD-Stufe 1* ergibt die Spalte Modularisierung einen ersten Hinweis darauf, dass eine modulare Bauweise die externe Forderung „passt in Handtasche" und die internen Forderungen nach Standard- und Gleichteilen unterstützt.

Nach Auswertung der Stärken der Wettbewerber wurden die drei kritischen Merkmale Stromaufnahme, Leuchtstärke und Batteriegröße (Batterietyp) ermittelt. Auf eine Bildung von Zielwerten wurde im Beispiel zu Gunsten der Übersichtlichkeit verzichtet. Das Produktmerkmal Batteriegröße veranschaulicht wie Kundenforderungen beziehungsweise deren Ermittlung die Lösungsfindung beeinflussen. Gegebenenfalls muss die Taschenlampe gar nicht mit Batterien betrieben werden, sondern beispielsweise mit einer kleinen Kurbel zum Laden einer Kapazität, die dann für einige Zeit Strom und damit Licht spendet.

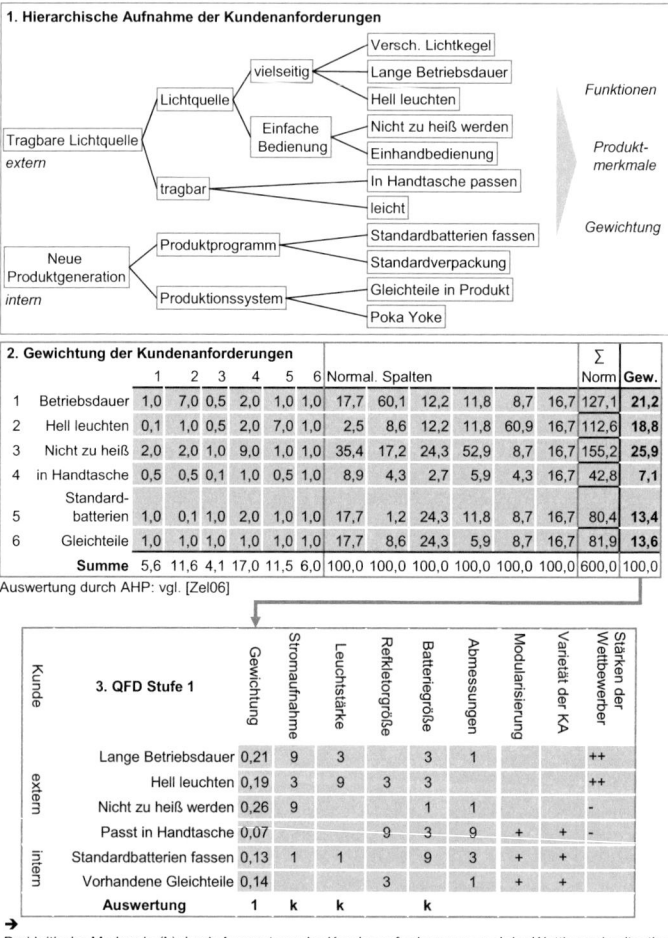

Anhang B.1: Modifzierte QFD: Ermittlung technischer Produktelemente

Nach Planen und Klären der Aufgabe im ersten Schritt folgt gemäß des Konstruktionsprozesses nach *Ehrlenspiel* die Ableitung der technischen Funktionen aus den Kundenanforderungen. Anhang B.2 stellt den Schritt dar.

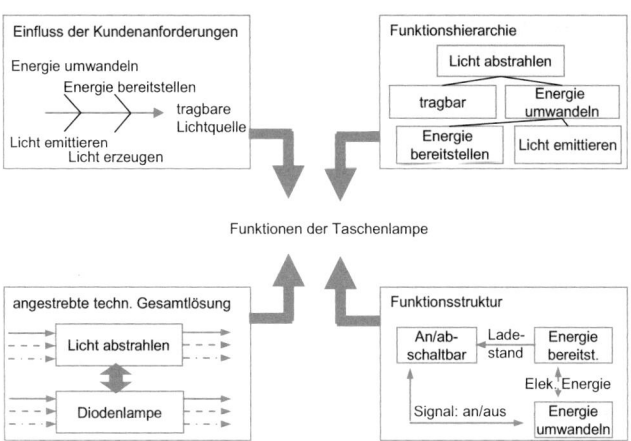

Anhang B.2: Ableiten der Funktionen der Taschenlampe

Mit den Funktionen werden in Schritt 3 die Konzepte entwickelt. Das zeigt Anhang B.3.

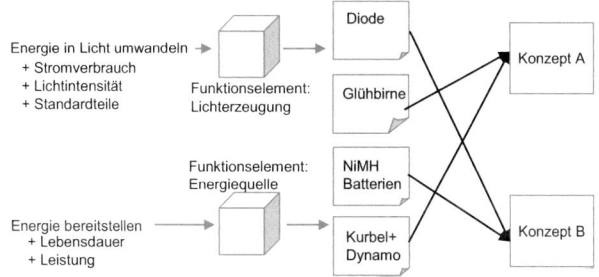

Anhang B.3: Entwicklung von Funktionen zu Konzepten

Im nächsten Schritt werden die Module gebildet. Die Modulbildung erfolgt auf Basis der Konzepte. Anhang B.4 zeigt die Modulbildung aus organisatorischer, Anhang B.5 die Modulbildung aus technischer Sicht. Beide Bewertungen entscheiden gleichermaßen die endgültige Form der verschiedenen potentiellen Produktmodule.

Moduleigenschaft	G_n	Konzept A				Konzept B			
		Kurbel + Dynamo		Glühbirne		LED		NiMH Batterie	
Know-how	0,3	9	2,7	1	0,3	9	2,7	1	0,3
Weiterentwicklung	0,1	3	0,3	1	0,3	3	0,3	1	0,1
Standardisierung	0,4	9	3,6	9	3,6	3	1,2	9	3,6
Wartung	0,2	1	0,2	9	1,8	1	0,2	9	1,8
Summe	1		6,8		6		4,4		5,8

Anhang B.4: Modulbildung aus organisatorischer Sicht

	Kurbel+ Dynamo		An/Aus- Schalter		Glühbirne		Fassung+ Reflektor	
Kurbel+ Dynamo	phy	Eg	1		2	-1		
	Si	St	2					
Schalter			phy	Eg				
			Si	St	2			
Glühbirne					phy	Eg	2	2
					Si	St		
Fassung+ Reflektor							phy	Eg
							Si	St

phy: physikalische Nähe
Eg: Energieaustausch

Si: Signalaustausch
St: Stoff

☐ Module aus organ. Sicht
⌐ ¬ Module aus techn. Sicht

Anhang B.5: Modulbildung aus technischer Sicht

Schritt 5 nach *Ehrlenspiel* enthält nur das Ableiten von Maßnahmen. Deshalb ist der Schritt nicht Gegenstand der Arbeit, da mit den Ergebnissen aus Schritt 4 direkt zur Bewertung übergegangen werden kann.

Checklisten zur Bewertung der Moduleigenschaften

Know-how	Interner Status	Externer Status	Relative Fluktuation	Innovations- schutz	Know-how
Standort 1					
Standort 2					
Standort 3					
Standort n					

0: nicht ausgeprägt, 1: bedingt ausgeprägt, 3: ausgeprägt, 9: stark ausgeprägt

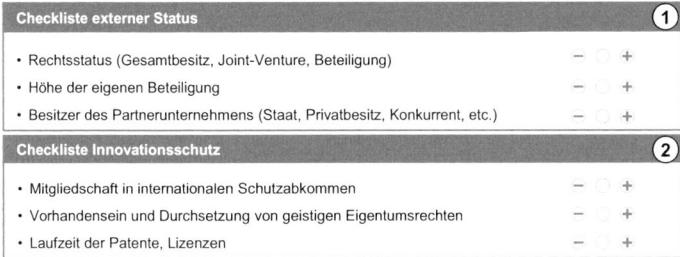

Anhang B.6: Checkliste zur Moduleigenschaft „Know-how"

Der erste Kennwert in Anhang B.6 ist der interne Status. Er besagt, ob es sich beim betrachteten Standort um ein Leit- oder Fertigungswerk handelt. Die relative Fluktuation ist Maß für vom Unternehmen entwickelte Beziehungen zu den Mitarbeitern. Bindung des Mitarbeiters gilt als der beste Schutz vor Wissensverlust.

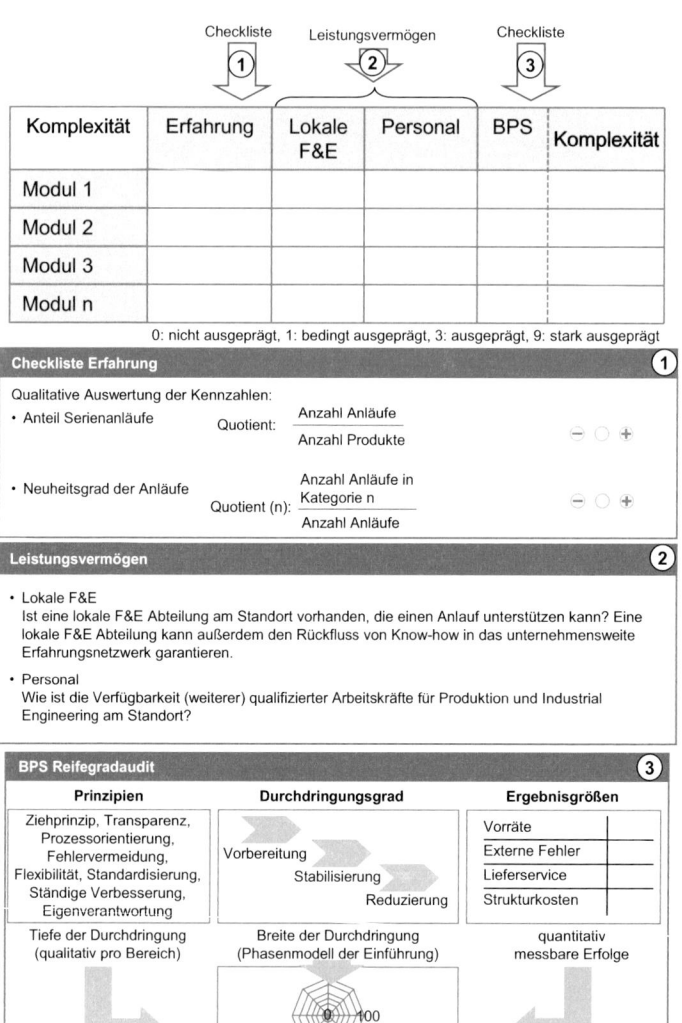

Anhang B.7: Checkliste zur Moduleigenschaft „Komplexität"

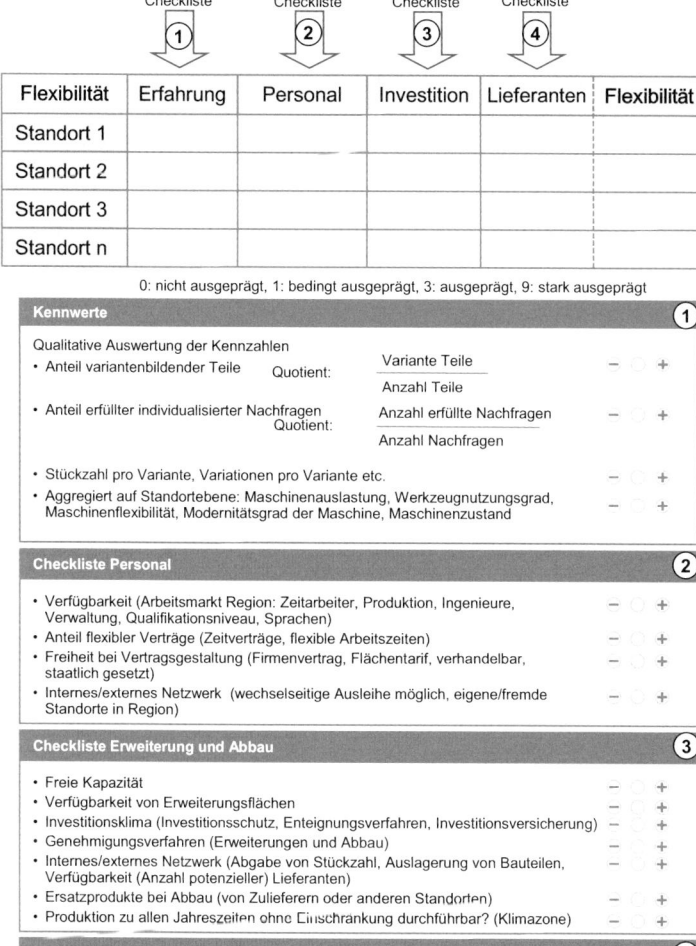

Anhang B.8: Checkliste zur Moduleigenschaft „Flexibilität"

Checkliste Finanzsystem

- Währung (Inflation, Konvertibilität)   ⊖ ◯ ⊕
- Volkswirtschaftliche Indikatoren (Ungleichheitsindex, Nettokreditaufnahme,   ⊖ ◯ ⊕
  Vergangenheitsbetrachtung der Wirtschaftsentwicklung)
- Risikoindex des Landes   ⊖ ◯ ⊕

Checkliste Rechtssystem

- Umweltgesetzgebung   ⊖ ◯ ⊕
- Versicherungsgesetze   ⊖ ◯ ⊕
- Arbeitsgesetzgebung   ⊖ ◯ ⊕
- Steuergesetzgebung (Form der Besteuerung, Dynamik der Gesetzgebung,   ⊖ ◯ ⊕
  Vergünstigungen)
- Wettbewerbsrecht   ⊖ ◯ ⊕

Checkliste Umwelt

- Verlässlichkeit der Versorgung (Wasser, Gas, Energie, Müll)   ⊖ ◯ ⊕
- Einhaltung und Durchsetzung der Umweltvorschriften   ⊖ ◯ ⊕
- Verlässlichkeit des Nichteintretens von Naturkatastrophen   ⊖ ◯ ⊕
  (Überschwemmung, Erdbeben, Stürme)

Anhang B.9: Checkliste zur Moduleigenschaft „Stabilität"

Checkliste Wirtschaftsentwicklung

- Volkswirtschaftliche Indikatoren des Landes und der Region   ⊖ ◯ ⊕
  - FDI Zufluss
  - BIP Wachstum
  - Handelsbilanz
- Gesetzgebung und Wirtschaftspolitik für Direktinvestitionen   ⊖ ◯ ⊕
- Entwicklung der Lohnstückkosten   ⊖ ◯ ⊕

Checkliste Netzwerke

- Einbindung des Landes in Freihandelszonen   ⊖ ◯ ⊕
- Einbindung des Landes in politische Kooperationen   ⊖ ◯ ⊕
- Vorhandensein von Technikclustern am Standort :
  - Anzahl Firmen der gleichen Branche   ⊖ ◯ ⊕
  - Potenzielle Zulieferer (Aufbau von Zulieferern)   ⊖ ◯ ⊕
  - Vorhandensein von Technologieparks   ⊖ ◯ ⊕
  - Nähe zu Universitäten und Forschungseinrichtungen mit relevanten   ⊖ ◯ ⊕
    Forschungsschwerpunkten

Anhang B.10: Checkliste zur Moduleigenschaft „Potential"

Anhang C

Liste der Fertigungsverfahren nach DIN 8580

1. Urformen
   1.1. Gießen
      1.1.1. Spritzgießen
         1.1.1.1. 2K Spritzgießen
         1 1.1.2. DP Spritzguss
         1.1.1.3. Gas-Injektionstechnik
         1.1.1.4. Pulver-Spritzgießen
         1.1.1.5. TP Spritzguss
         1.1.1.6. Umspritzen bondbarer Einlegeteile
   1.2. Pressformen
   1.3. Schäumen
   1.4. Sintern
   1.5. Elektromagnetische Abscheidung
2. Umformen
   2.1. Biegen von Einlegeteilen
   2.2. Blechumformen
   2.3. Bördeln
   2.4. Massivumformen
   2.5. Verstemmen
   2.6. Verstemmen; Heißverstemmen; Kaltverstemmen
3. Trennen/Bearbeiten
   3.1. Zerteilen
      3.1.1. Brechen Leiterplatte
      3.1.2. Ritzen und Vereinzeln Hybrid
      3.1.3. Schneiden Leiterplatte
      3.1.4. Scherschneiden
      3.1.5. Messerschneiden
      3.1.6. Beißschneiden
      3.1.7. Feinschneiden
      3.1.8. Spalten
      3.1.9. Reißen
      3.1.10. Brechen
   3.2. Spanen mit geometrisch bestimmter Schneide
      3.2.1. Bohren-, Senken-, Reiben, Gewinden
         3.2.1.1. Rundbohren
         3.2.1.2. Profilbohren
         3.2.1.3. Schraubbohren
         3.2.1.4. Plansenken
      3.2.2. Drehen
      3.2.3. Fräsen
         3.2.3.1. Rundfräsen
         3.2.3.2. Formfräsen
         3.2.3.3. Schraubfräsen
         3.2.3.4. Planfräsen
         3.2.3.5. Profilfräsen
         3.2.3.6. Wälzfräsen
      3.2.4. Schneiden
         3.2.4.1. Schneiden durch Fräsen - Leiterplatte
         3.2.4 2. Schneiden durch Sägen - Leiterplatte
         3.2.4.3. Schneiden durch Sägen - Wafer
      3.2.5. Hobeln, Stoßen
      3.2.6. Räumen
      3.2.7. Sägen
      3.2.8. Feilen, Raspeln
      3.2.9. Bürstspanen
      3.2.10. Schaben, Meißeln
   3.3. Spanen mit geometrisch unbestimmter Schneide
      3.3.1. Honen
      3.3.2. Läppen
      3.3.3. Schleifen
      3.3.4. Schleifen - Außenrundschleifen
      3.3.5. Schleifen - Innenrundschleifen
   3.4. Abtragen
      3.4.1. Chemisches Abtragen
      3.4.2. Elektochemisches Abtragen
      3.4.3. Thermisches Abtragen EDM Laser
   3.5. Zerlegen
   3.6. Reinigen
   3.7. Evakuieren
   3.8. Entgraten und Verrunden

Anhang C.1: Fertigungsverfahren nach DIN 8580 (in Anlehnung an DIN 8580)

Nachfolgend werden Abbildungen der im Abschnitt 3.3 angesprochenen Daten-banken aufgezeigt.

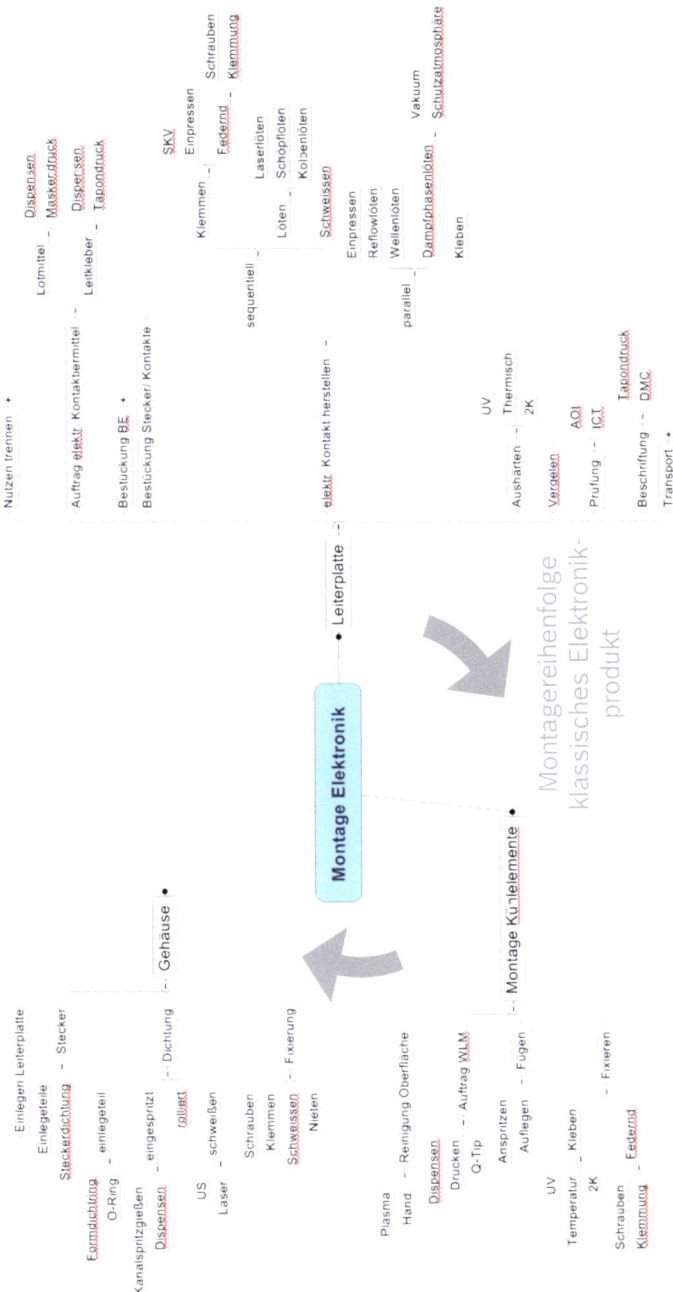

Anhang C.2: Prozessdatenbank ProMoLeS basierend auf generischem Prozessgraphen

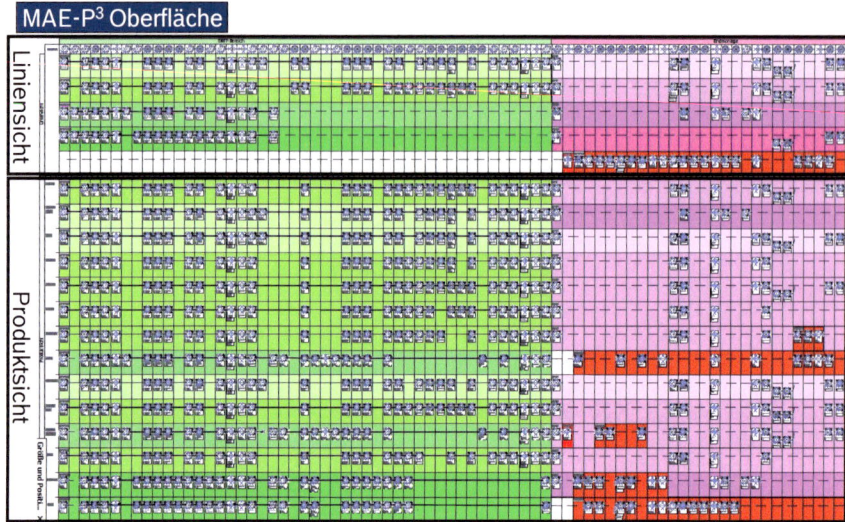

Anhang C.3: Oberfläche der Datenbank MAE-P^3 [Rei08]

Die ausführlichen oder ergänzenden Verfahrensschritte aus Kapitel 3.3 sind nachfolgend zu finden. Die nachfolgenden Tabellen (bis Beginn Anhang D) sind alle im Rahmen einer Diplomarbeit in der Abteilung Produktionsgestaltung der Zentralen Forschung und Vorausentwicklung bei der Robert Bosch GmbH entstanden.

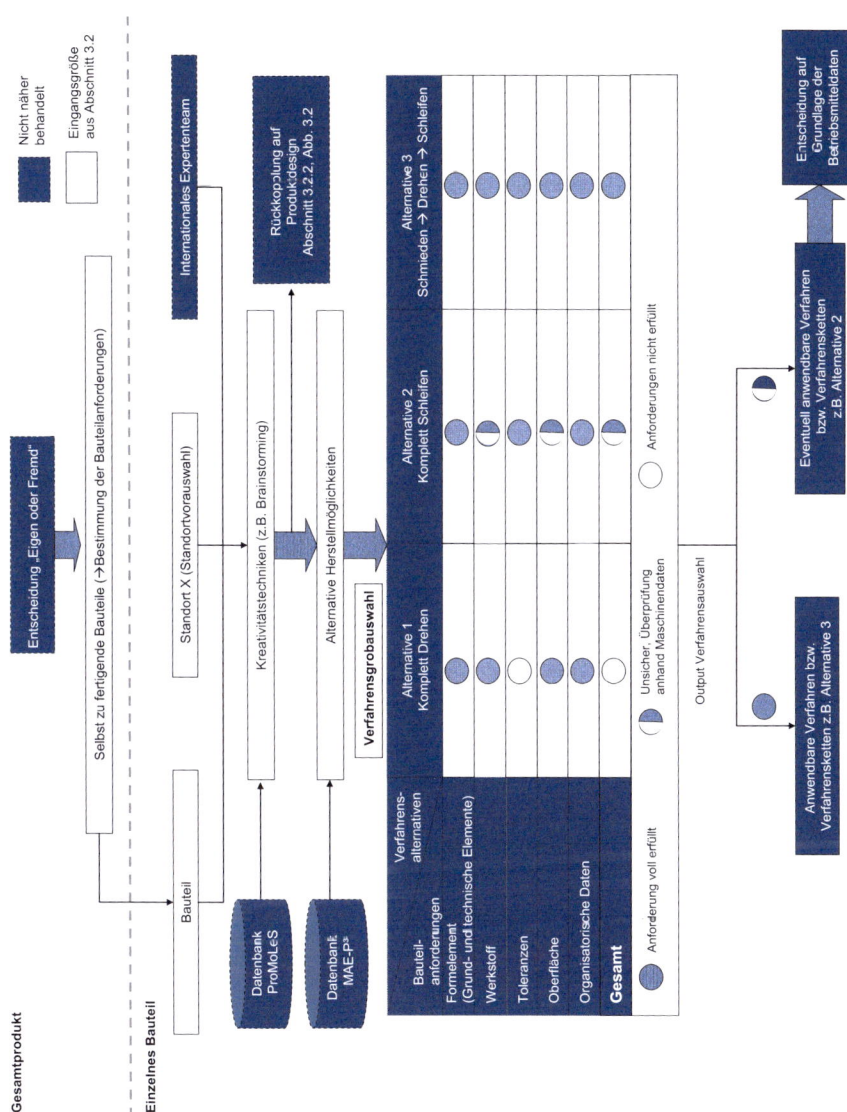

Anhang C.4: Verfahrensvorauswahl und qualitative Bewertung der Verfahrenseignung

Anhang C.4 zeigt, dass die benötigten Bauteile elementarbasiert durch fünf bauteilspezifische Kategorien beschrieben werden können. Die fünf Kategorien der bauteilspezifischen Kategorien sind Grundelemente, technische Elemente, Toleranzelemente, Werkstoffelemente und Oberflächenelemente. Die geometrischen

Grundelemente sowie die technischen Elemente werden zu den Formelementen zusammengefasst.

Mit Hilfe der Verfahrensvorauswahl können in der Betriebsmittelauswahl die zur Herstellung des Bauteils notwendigen Maschinen ermittelt werden. Das geschieht in zwei Stufen. In der ersten wird eine Vorauswahl durch die Datenbank MAE-P[3] vorgenommen, in der zweiten eine manuelle Auswahl seitens des Expertenteams. In der ersten Stufe wird durch den Abgleich der Bauteilanforderungen mit den Maschinendaten in der Datenbank die Vorauswahl vollführt. Dies zeigt Anhang C.5.

Daten	MAE 1	MAE 2	....	MAE n
Hersteller	xyz			
Typ	MAE 4.6xi			
Automatisierbarkeit	Möglich			
Losgröße	[von ; bis]			
Fertigbare, technische Elemente	Lochung, Gewinde, …			
Fertigbare Abmessungen	[von ; bis]			
Bearbeitbare Werkstoffe	Stahl, Kupfer, …			
Erreichbare Rauheit	[von ; bis]			
Erreichbare Formtoleranzen	[+X ; -X]			
Erreichbare Maßtoleranzen	[+X ; -X]			
Erreichbare Lagetoleranzen	[+X ; -X]			
Momentaner Standort und Einsatzstatus	Standort X und nicht im Einsatz			

Anhang C5: Maschinendaten aus der Datenbank

Im Anschluss an die Betriebsmittelauswahl folgt die quantitative und qualitative Detailbewertung der Betriebsmittel, um zu einem planerischen Optimum zu gelangen. In Anhang C.6 werden deshalb zunächst die Checklisten gezeigt, mit deren Ergebnissen der Großteil der NWA befüllt werden muss.

Automatisierbarkeit

	Gewichtung	MAE 1	MAE 15	MAE n
Automatische Zuführung	g_1	1	2	2
Automatische Teileabfuhr	g_2	1	2	2
Verkettung mit Maschinen	g_3	3	1	3
Vollautomatischer Ablauf	g_4	2	2	1
Gesamtergebnis		$g_1{*}1 + g_2{*}1 + g_3{*}3 + g_4{*}2 =$	$g_1{*}2 + g_2{*}2 + g_3{*}1 + g_4{*}2 =$	$g_1{*}2 + g_2{*}2 + g_3{*}3 + g_4{*}1 =$
Rangfolge		**1**	**2**	**3**

Flexibilität

	Gewichtung	MAE 1	MAE 15	MAE n
Andere Bauteile fertigbar	g_1	1	2	2
Umrüsten erforderlich	g_2	1	2	2
Aufwand für Umrüsten	g_3	3	1	2
Aufwand Mengenanpassung	g_4	2	3	1
Erweiterungsmöglichkeit	g_5	1	3	2
Umbaumöglichkeit	g_6	2	3	1
Gesamtergebnis		$g_1{*}1 + g_2{*}1 + g_3{*}3 + g_4{*}2 + g_5{*}1 + g_6{*}2 =$	$g_1{*}2 + g_2{*}2 + g_3{*}1 + g_4{*}3 + g_5{*}3 + g_6{*}3 =$	$g_1{*}2 + g_2{*}2 + g_3{*}2 + g_4{*}1 + g_5{*}2 + g_6{*}1 =$
Rangfolge		**1**	**3**	**2**

Arbeitssicherheit

	Gewichtung	MAE 1	MAE 15	MAE n
Anzahl Arbeitsunfälle	g_1	1	2	3
Not-Aus vorhanden	g_2	1	2	2
Schutzkleidung- oder vorrichtung notwendig	g_3	2	1	2
Gesamtergebnis		$g_1{*}1 + g_2{*}1 + g_3{*}2 =$	$g_1{*}2 + g_2{*}2 + g_3{*}1 =$	$g_1{*}3 + g_2{*}2 + g_3{*}1 =$
Rangfolge		**1**	**2**	**3**

Umweltschutz

	Gewichtung	MAE 1	MAE 15	MAE n
Art und Menge Abfallstoffe	g_1	2	1	3
Entsorgungseinrichtung	g_2	2	1	3
Trocken- oder Nassarbeit	g_3	3	1	3
Gesamtergebnis		$g_1{*}2 + g_2{*}2 + g_3{*}3 =$	$g_1{*}1 + g_2{*}1 + g_3{*}1 =$	$g_1{*}3 + g_2{*}3 + g_3{*}3 =$
Rangfolge		2	1	3

Dokumentation MAE

	Gewichtung	MAE 1	MAE 15	MAE n
Dokumentation (Baupläne, Betriebsanleitungen,..) vorhanden	g_1	1	2	2
Sprache der Dokumente	g_2	1	2	2
Gesamtergebnis		$g_1{*}1 + g_2{*}1 =$	$g_1{*}2 + g_2{*}2 =$	$g_1{*}2 + g_2{*}2 =$
Rangfolge		1	3	2

Bedienbarkeit

	Gewichtung	MAE 1	MAE 15	MAE n
Spezialist	5			5
Einweisung oder Schulung notwendig (3)	3		3	
Intuitiv	1	1		
Rangfolge		1	2	3

Anhang C.6: Checklisten zur qualitativen Bewertung der Betriebsmittel

Es wird darauf hingewiesen, dass immer das niedrigste Ergebnis das Beste ist, entsprechend der Vergabe der Rangfolge. Mit den MAE-Daten und den Erfahrungswerten müssen die Matrixfelder befüllt werden. In den Listen ist es beispielhaft vorgenommen worden. Die zugrundeliegende Befüllungsmethode des paarweisen Vergleichs wird am Beispiel Flexibilität in Anhang C.7 dargestellt.

Ermittlung der Rangfolge durch paarweisen Vergleich					
Kriterium: Flexibilität	MAE 1	MAE 15	MAE n	Σ	Rang -folge
MAE 1		+1	0	+1	1
MAE 15	-1		-1	-2	3
MAE n	0	+1		+1	1
Legende: +1 = besser; 0 = gleich; -1 = schlechter					

Anhang C.7: Paarweiser Vergleich am Beispiel Flexibilität (Quelle: eigene Darstellung)

Nach Ermittlung und Bewertung der notwendigen Daten zur Betriebsmittelauswahl folgt die Bewertung und Einordnung der Prozesse in Fähigkeitsklassen. Wie in Abschnitt 3.3.3 beschrieben gibt es drei Fähigkeitsklassen. Anhang C.8 zeigt, wie die Einordnung vorgenommen wird.

	Kriterien	Gewich tung	Kernfähigkeit	Schlüsselfähigkeit	Standardfähigkeit
Produktebene	Beitrag zum Kundennutzen (hinsichtlich Funktion, Qualität, Kosten)	g_1	Dominierend X	Erheblich	Untergeordnet
	Differenzierung	g_2	Trägt dazu bei X	Trägt dazu bei X	Trägt nicht dazu bei
	Sicherung Wettbewerbsvorteile	g_3	Mittel- bis Langfristig X	Kurz- bis Mittelfristig	Kein Wettbewerbsvorteil
	Verfügbarkeit am Markt	g_4	Nicht oder nur sehr eingeschränkt verfügbar	Schwer verfügbar	Breit verfügbar X
Prozessebene	Kompetenzführerschaft bisher	g_5	Alleiniger Kompetenzführer	Wenig Konkurrenten X	Vielzahl an Konkurrenten
	Imitierbarkeit	g_6	Sehr schwierig X	Mittelschwierig	Leicht
	Anwendungsbreite (Kompetenzen sind für mehrere Produkte und Produktlinien einsetzbar)	g_7	Breit einsetzbar	Teilweise einsetzbar X	Breit einsetzbar aber Standardfähigkeit
	Kostensenkungspotential	g_8	Hoch X	Mittel	Gering
	Weiterentwicklungspotential	g_{10}	Mittel bis Hoch	Gering bis Mittel	Kein Weiterentwicklungs-potential X
	Gesamtergebnis		$\Sigma = g_1+g_2+g_3 + g_6 + g_8$	$\Sigma = g_3 + g_5 + g_7$	$\Sigma = g_4 + g_{10}$

Anhang C.8: Bewertung der Prozesse und Einordnung in Fähigkeitsklassen

Die Einordnung in Fähigkeitsklassen liefert die Grundvoraussetzung für eine fundierte Standortbewertung. Nur durch die Betrachtung können Kernkompetenzen nachhaltig im Unternehmen gesichert werden. Für die qualitative Standortbewertung sind nachfolgend die Checklisten aufgeführt. Sie unterscheiden sich nach Produkt-, Prozess- und Standortsicht. Anhang B.6 – B.10 zeigt die Listen aus Produktsicht. Die Checklisten aus Prozesssicht sind bereits in Anhang C.6 aufgeführt. Die ergänzenden Listen aus Standortsicht sind in Anhang C.9 aufgeführt.

Potential des Standorts: Welche langfristige Perspektive für Investitionen bietet der Standort?

Kriterien	Gewichtung	Standort (Sto) X	Sto Y	Sto Z	Sto A	Sto N
Volkswirtschaft des Landes und der Region:	g_1					
g1.1: FDI Zufluss	$g_{1.1}$					
g1.2: BIP Wachstum	$g_{1.2}$					
g1.3: Handelsbilanz	$g_{1.3}$					
Entwicklung der Absatzzahlen von Produkten	g_2					
Gesetzgebung und Wirtschaftspolitik	g_3					
Entwicklung der Lohnstückkosten	g_4					
Entwicklung der Steuerbelastungen	g_5					
Zuwanderung/ Abwanderung der Konkurrenz	g_6					
Technikcluster am Standort:	g_7					
g7.1: Anzahl der Firmen der gleichen Branche	$g_{7.1}$					
g7.2: Potentielle Zulieferer	$g_{7.2}$					
g7.3: Vorhandensein von Technologieparks	$g_{7.3}$					
g7.4: Nähe und Intensität der Beziehungen zu Universitäten und Forschungseinrichtungen mit relevanten Forschungsschwerpunkten	$g_{7.4}$					
Gesamtergebnis						

0: negativer Einfluss auf das Potential   6: positiver Einfluss auf das Potential   [ ] Eingangsgrößen aus Kap. 3.2

3: kein Einfluss auf das Potential   9: stark positiver Einfluss auf das Potential

Know-how: Welche Sicherheit bietet der Standort bei der Anwendung von technischem Wissen?

Kriterien	Gewichtung	Standort (Sto) X	Sto Y	Sto Z	Sto A	Sto N
Status des Werks (Leitwerk = 9, Fertigungswerk = 6, Kooperation mit externem Partner=3 oder 0, je nach Einschätzung des Kooperationsverhältnis)	g_1	x_1				
Mitarbeiterfluktuation	g_2	x_2				
Rechtlicher Innovationsschutz:	g_3	$x_3 = g_{3.1} * 9 + g_{3.2} * 6 + g_{3.3} * 0$				
g3.1: Rechtsprechung	$g_{3.1}$	9				
g3.2: Schutzrecht wie Patente und Lizenzen	$g_{3.2}$	6				
g3.3: Mitgliedschaft in internat. Schutzabkommen	$g_{3.3}$	0				
Respekt vor fremden Eigentum (Kulturkreis)	g_4	x_4				
Erfahrungen aus der Vergangenheit	g_5	x_5				
Gesamtergebnis		$= g_1 * x_1 + g_2 * x_2 + g_3 * x_3 + g_4 * x_4 + g_5 * x_5$				

0: negativer Einfluss auf Know-how Sicherung   6: positiver Einfluss auf Know-how Sicherung   [ ] Eingangsgrößen aus Kap. 3.2

3: kein Einfluss auf Know-how Sicherung   9: stark positiver Einfluss auf Know-how Sicherung

Prozessbeherrschung des Standorts: In wiefern beherrscht der Standort die notwendigen Prozesse?

Kriterien	Gewichtung	Standort (Sto) X	Sto Y	Sto Z	Sto A	Sto N
Erfahrung:	g_1					
g1.1: Wie viel der benötigten Prozessschritte wurden bereits in der Vergangenheit an dem Standort beherrscht?	$g_{1.1}$					
	$g_{1.2}$					
g1.2: Anzahl bereits geleisteter Serienanläufe	$g_{1.3}$					
g1.3: Bewertung bisheriger Serienanläufe	$g_{1.4}$					
g1.4: Liefertreue in der Vergangenheit						
g1.5: Beherrschter Automatisierungsgrad	$g_{1.5}$					
g1.6: In wie viel weiteren Fertigungsverbünden ist der Standort bereits integriert?	$g_{1.6}$					
g1.7: Erfahrung des Personals mit den benötigten Prozessen und Betriebsmitteln	$g_{1.7}$					
Leistungsvermögen:	g_2					
g2.1: Lokale F&E und Fertigungsplanung : Ist eine F&E- und Fertigungsplanungsabteilung am Standort vorhanden, die den Serienanlauf unterstützen können?	$g_{2.1}$					
g2.2: Personal: In wiefern ist weiteres qualifiziertes Personal vorhanden das den Serienanlauf unterstützen könnte?	$g_{2.2}$					
Reifegrad BPS::	g_3					
g3.1: Stand der BPS Umsetzung am Standort	$g_{3.1}$					
g3.2: BPS Reifegrads seit Einführung	$g_{3.2}$					
Gesamtergebnis						

0: negativer Einfluss auf Prozessbeherrschung   6: positiver Einfluss auf Prozessbeherrschung

3: kein Einfluss auf Prozessbeherrschung   9: Stark positiver Einfluss auf Prozessbeherrschung

---

Beschaffung: Ist eine Beschaffung der benötigten Bauteile und Ressourcen vor Ort möglich?

Kriterien	Gewichtung	Standort (Sto) X	Sto Y	Sto Z	Sto A	Sto N
Lieferanten:	g_1					
	$g_{1.1}$					
g1.1: Gibt es potentielle Lieferanten vor Ort?	$g_{1.2}$					
g1.2: Wie viel alternative Lieferanten gibt es?						
g1.3: Erbringen die Lieferanten die geforderte Qualität?	$g_{1.3}$					
g1.4: Zuverlässigkeit der Lieferanten?	$g_{1.4}$					
g1.5: Können die Lieferanten auf Nachfrageschwankungen reagieren?	$g_{1.5}$					
Kosten: Wie hoch sind die für das betrachtete Modul anfallenden Beschaffungskosten im Vergleich zum Heimatstandort?	g_2					
Lieferantenentwicklung:	g_3					
g3.1: Wie sehen die Weiterentwicklungsmöglichkeiten der Lieferanten aus?	$g_{3.1}$					
g3.2: Würden etablierte Lieferanten mit an den Standort gehen?	$g_{3.2}$					
Gesamtergebnis						

0: negativer Einfluss auf Beschaffung   6: positiver Einfluss auf Beschaffung

3: kein Einfluss auf Beschaffung   9: Stark positiver Einfluss auf Beschaffung

Qualifizierungsaufwand: Welche Maßnahmen sind notwendig um beherrschte Prozesse sicherzustellen?							
Kriterien	**Gewichtung**		**Standort (Sto) X**	**Sto Y**	**Sto Z**	**Sto A**	**Sto N**
Bewertung bestehender Prozesse:	g_1						
g1.1: Wie hoch ist die Anzahl beherrschter Prozesse am Standort?		$g_{1.1}$					
g1.2: Wie gut wird der Prozess bislang beherrscht?		$g_{1.2}$					
Welche Qualifizierung der Bediener für die Betriebsmittel ist notwendig (Neueinstellung oder Ausleihe eines Spezialisten notwendig, Umschulung, Kurze Einweisung, keine Qualifizierung notwendig)	g_2						
Vergleichbare Prozesse:	g_3						
g3.1: Prozess nicht vorhanden, werden vergleichbare Prozesse beherrscht?		$g_{3.1}$					
g3.2: Wie gut werden diese vergleichbaren Prozesse beherrscht?		$g_{3.2}$					
Welches Fertigungssystem besteht am Standort (bspw. Aufwand bei Werkstattprinzip größer)	g_4						
Gesamtergebnis							

0: Deutet auf sehr hohen Qualifizierungsaufwand hin   6: Deutet auf geringen Qualifizierungsaufwand hin

3: Deutet auf hohen Qualifizierungsaufwand hin   9: Kein Qualifizierungsaufwand

Anhang C.9: Checklisten zur ergänzenden Standortbewertung

Anhang D

In Anhang D.1 wird zunächst ein Berechnungsschema der Herstell- und Gesamtkosten eines Moduls gezeigt.

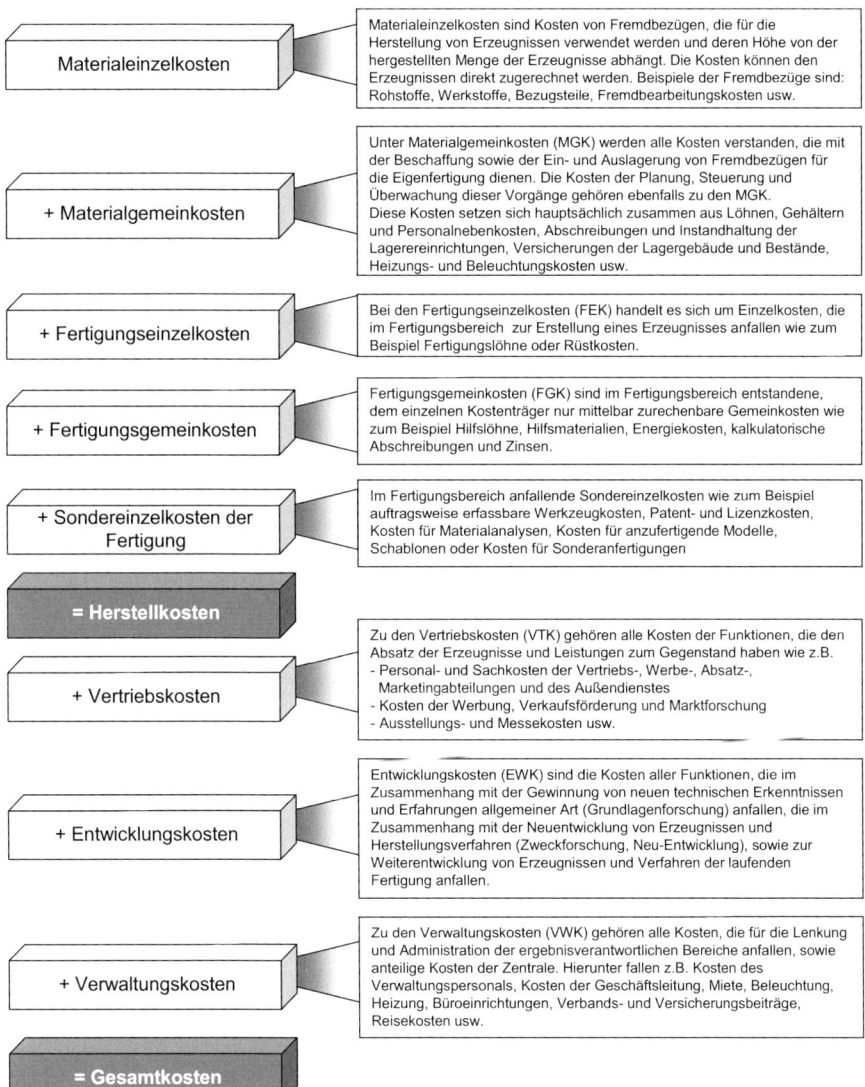

Anhang D.1: Berechnungsschema der Herstell- und Gesamtkosten [Gab88]

Basierend hierauf können die Herstellkosten eines Moduls direkt einem Standort zugerechnet werden, mit leichter Korrektur des dargestellten Bewertungsschemas; die neue Form ist im Abschnitt 3.4.3 (Abbildung 3.19) zu finden.

Die berechneten Herstellkosten können nun gemeinsam mit den Standorten den einzelnen Modulen zugeordnet werden. Anhang D.2 zeigt auf, wie aus dem Montagevorranggraph ein mögliches Produktionsverbundszenario erstellt werden kann.

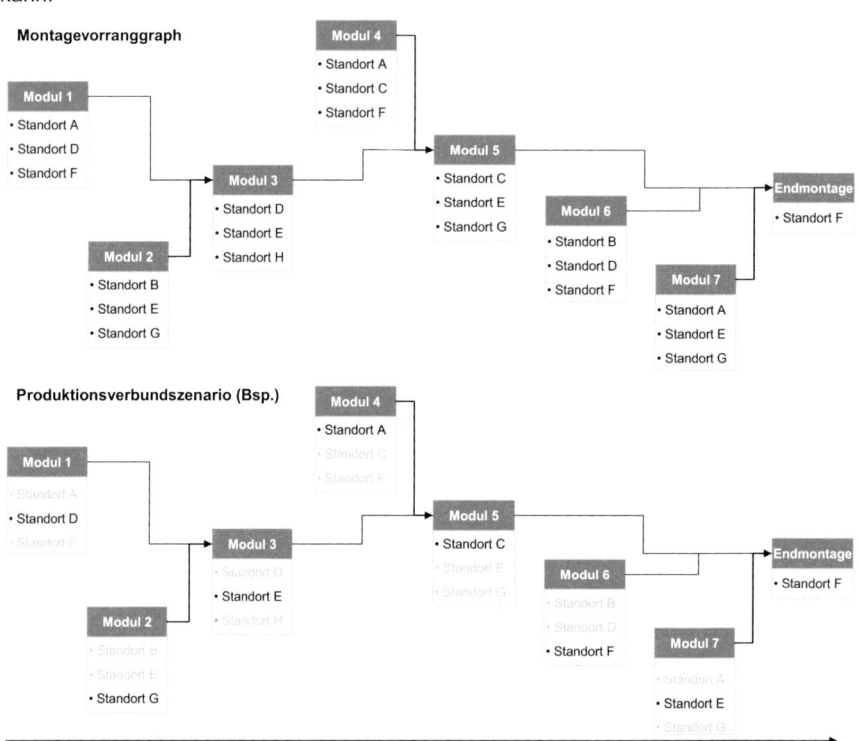

Anhang D.2: Zusammenhang Montagevorranggraph und Verbundszenarien

Für die Produktionsverbundszenarien müssen die Logistikkosten eines Szenarios berechnet werden, da sie einen entscheidenden Teil der Wirtschaftlichkeitsrechnung eines Verbunds ausmachen. Dazu müssen die verschiedenen Transportmittel vergleichend bewertet werden, um eine Aussage hinsichtlich deren Eignung für eine bestimmte Strecke zu ermöglichen. Anhang D.3 zeigt einen paarweisen Vergleich.

Nahverkehr

LKW	Bahn
+ Flächenverkehr	+ Streckenverkehr
+ Individualverkehr, Annahmezeiten frei wählbar	+ Zusammenfassung von Einzeltransporten
+ geringer Koordinationsaufwand	– Fahrpläne müssen beachtet werden
– mit der Entfernung zunehmende Probleme zuverlässig zu liefern (z.B. Staus, Streiks etc.)	+ zuverlässige und minutengenaue Anlieferung über große Entfernungen
– optimales Transportvolumen begrenzt auf Sattelzug	+ massengutleistungsfähig
+ stundenweise, sequenzgenaue Anlieferung möglich	– Nachtsprung für Güterverkehr begrenzt auf täglich maximal eine Lieferung
+ ...	+ ...

Einsatz im Flächenverkehr unter 300 km	Einsatz im Streckenverkehr über 300 km und einem Transportvolumen von > 30 Waggons

Fernverkehr

Binnenschiff	Bahn
– langsamer	+ schneller
– unzuverlässiger und unpünktlicher	+ zuverlässige und minutengenaue Anlieferung über große Entfernungen
– witterungsabhängig (Wasserstand, Nebel, Eis)	+ weitgehend störungsfrei
– wenige Wasserstraßen	+ vergleichsweise dichtes Verkehrsnetz
+ günstigere Beförderungskosten	– weniger massengutleistungsfähig
– teure Liegezeiten	– Waggons dienen als „mobiles Lager"
+ ...	+ ...

Einsatz, wenn an Start- und Zielpunkt jeweils eigene Anlagestellen vorhanden sind	Zuverlässigkeit ist neben Flexibilität und Schnelligkeit bei minimalen Puffern ausschlaggebend

Globale Ebene

Seeschiff	Flugzeug
– langsam	+ schnellste Alternative
– Zwang zu genormtem Container	+ Einsparung aufwendiger Verpackung
– witterungsabhängige Geschwindigkeit	+ störungsfreier
– wenige Häfen	+ vergleichsweise gut zu erreichen
– schlecht zu berechnen	+ minutengenaue Anlieferung
+ günstige Beförderungskosten	– teuerstes Verkehrsmittel
– teure Liegezeiten	– geringe Transportvolumen und besonders Gewichte
+ kaum Begrenzung nach oben	+ ...
+ ...	

Einsatz bei DIN- und Normteilen, Teile der industriellen Großserienfertigung	Einsatz bei empfindlichen, kleinen und teuren Teilen

Anhang D.3: Paarweiser Vergleich der Transportmittel in jeweiliger Transportebene modifiziert nach [Sch02])

Basierend auf dem Vergleich sind die Logistikkosten zu berechnen. Sie sind neben den Herstellkosten als Eingangsgrößen für die Softwareanwendung notwendig. Anhang E zeigt die Anwendung.

Als Ausgangsgröße liefert das Softwarewerkzeug eine Rangliste möglicher Verbundszenarien. Die Liste ist nach aufsteigenden Kosten geordnet. Zur Ergänzung der quantitativen Bewertung werden nun qualitative Kriterien hinzugefügt, die eine Bewertung des gesamten Verbundszenarios ermöglichen. Anhang D.4 stellt die Kriterien dar.

Anhang E enthält die Dokumentation der Softwareanwendung zur Konfiguration globaler Produktionsverbünde. Die Software nimmt alle Daten auf und speichert sie in einer Liste. In Java sind sogenannte „DefaultListModelle" vorhanden, die auf Basis von Vektoren implementiert sind. Von jedem Modul existiert eine Liste mit folgendem Inhalt:

- Modulnummer
- Produktionsstättenanzahl
- Modulnummer des Nachfolgers
- Anzahl Kombinationsmöglichkeiten
- Namen der Produktionsstätten
- Produktionskosten der einzelnen Produktionsstätten
- Namen der Kombinationsmöglichkeiten
- Logistikkosten der einzelnen Kombinationsmöglichkeiten.

Bei der Eingabe der Daten ist darauf zu achten, dass die Module in der richtigen Reihenfolge eingegeben werden. Der Montagevorranggraph in Abbildung 3.19 zeigt den Zusammenhang der Module exemplarisch.

Der Hauptalgorithmus besteht aus einer rekursiv arbeitenden Methode, welche nachfolgend näher beschrieben wird.

Kriterien (Einfluss auf Szenario)	Gewichtung	Szenario 1	Szenario 2	Szenario 3	Szenario 4	...
Anzahl unterschiedlicher Standorte im Szenario: (Eine geringere Anzahl unterschiedlicher Standorte innerhalb eines Szenarios deutet auf geringere Unsicherheiten und eine geringere Komplexität hin.)	g_1	NW_{11}	NW_{21}	NW_{31}	NW_{41}	...
Anzahl der im Szenario beteiligten Standorte mit Verbunderfahrung	g_2	NW_{21}	...			
Anzahl Best-Practice-Standorte im Verbund: (Best-Practice-Standorte: Werke, die in den letzten Jahren in verschiedenen Kategorien nominiert und ausgezeichnet wurden)	g_3	NW_{31}				
Durchlaufzeit des Produkts durch den Verbund/ Reaktionsfähigkeit des Verbunds bei auftretenden Fehlern	g_4	NW_{41}				
Erzielung einer Technologieführerschaft: • Welche Betriebsmittel sind für die Produktion der Module an den beteiligten Standorten vorgesehen? • Handelt es sich hierbei um neue Technologien, die zu einer Technologieführerschaft führen können?	g_5	NW_{51}				
Kurze Qualitätsregelkreise: • Steigende Bedeutung des Qualitätsmanagements • Qualität entscheidet über den Unternehmenserfolg [Som05] • Schnelle Reaktionszeit, weniger Ausschuss: Kostensenkung	g_6	NW_{61}				
Gesamtergebnis	$\sum = 1$	$= g_1 \cdot NW_1 + g_2 \cdot NW_2 + ...$				

0: negativer Einfluss   3: kein Einfluss   6: positiver Einfluss   9: stark positiver Einfluss

Anhang D.4: Qualitative Kriterienkatalog zur Bewertung eines Produktionsverbundszenarios

Anhang E

```
public static int[][] m( int[] a,   int begin, int ende  ){
    if( ende == begin  ){
        int[][] erg = new int[a[begin]][1];
        for( int i = 0; i < a[begin]; i++ ){
            erg[i][0]   = i;
        }
        return erg;

    }else{
      int[][] tmp = m( a, begin+1, ende );
      int nGes = a[begin] * tmp.length;
      int[][] erg = new int[nGes][ende-begin+1];
      int iZeile = 0;
      for( int i = 0; i < a[begin]; i++ ){
         for( int j = 0; j < tmp.length; j++){
            erg[iZeile][0] = i;
            for( int k = 1; k < ende - begin+1; k++ ){
               erg[iZeile][k] = tmp[j][k-1];
            }
            iZeile++;
         }
      }
      return erg;
    }
}
```

Anhang E.1: Quellcode der rekursiv arbeitenden Methode

Der Aufruf der Methode kann folgendermaßen aussehen:

int[] a = {2,3,2}

int[][] erg = m(a, 0, 2)

Das Ergebnis ist ein zweidimensionales Array mit den Elementen:

0,0,0

0,0,1

0,1,0

0,1,1

0,2,0

0,2,1

1,0,0

1,0,1

1,1,0

1,1,1

1,2,0

1,2,1

Das sind die möglichen Kombinationen bei drei Modulen. Dabei hat Modul 1 zwei Produktionsstätten, Modul 2 drei Produktionsstätten und Modul 3 zwei Produktionsstätten. Das ist im Array:

int[] a = {2,3,2}

festgelegt worden. Der Methode wird folgender Integerwert übergeben:

int[][] erg = m(a, 0, 2)

Zusätzlich erhält die Methode die Anzahl der Module, d.h. von 0 bis 2. Dabei ist zu berücksichtigen, dass in Java der Index bei 0 anfängt. Also 0, 1, 2 sind in der Anzahl drei Module.

Die Methode ruft sich jetzt mit

int[][] tmp = m(a, begin+1, ende)

sooft selbst auf, bis die Bedingung:

if(ende = = begin)

wahr ist und die letzte Kombination zurückgegeben wird. Die Kombinationen selbst haben folgende Bedeutung:

0,0,0 bedeutet beispielsweise, dass jetzt eine Kombination der ersten Produktionsstätte des ersten Moduls mit den ersten Produktionsstätten des zweiten und dritten Moduls gebildet wurde. Wieder ist zu beachten, dass bei Java der Index bei 0 beginnt. Somit werden alle möglichen Kombinationen des Graphen gebildet, die möglich sind.

Mit einem Doppelklick startet das Programm.

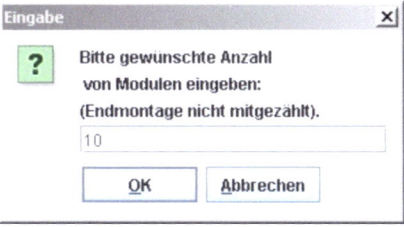

Anhang E.2: Erstes Fenster nach Programmstart

Ist die erforderliche Zahl eingegeben, erscheint Anhang E.3.

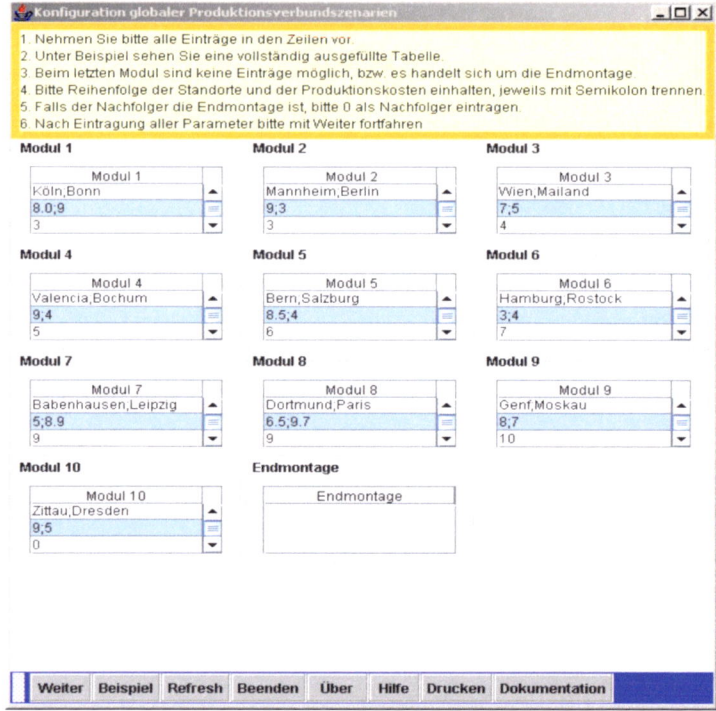

Anhang E.3: Eingabefenster „Standorte, Herstellkosten und Nachfolgemodule

In Anhang E.3 sind beispielhaft sämtliche Standorte, Herstellkosten und Nachfolgermodule in das Eingabefenster eingegeben worden. Nach korrekter Eingabe aller Daten erfolgt eine Kontrolltabelle, um bei eventuell falsch ausgefüllten Feldern eine Korrektur zu ermöglichen. Anhang E.4 zeigt die Kontrolltabelle.

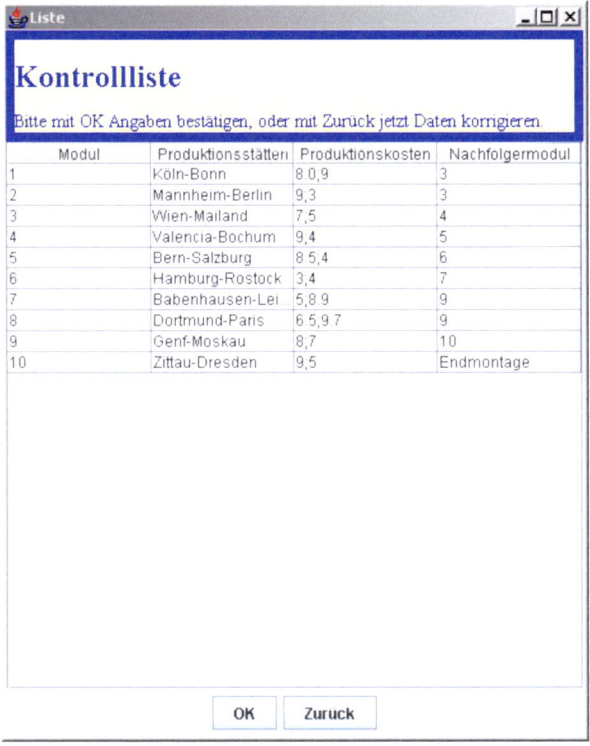

Anhang E.3: Kontrolltabelle zur Überprüfung der Eingabe

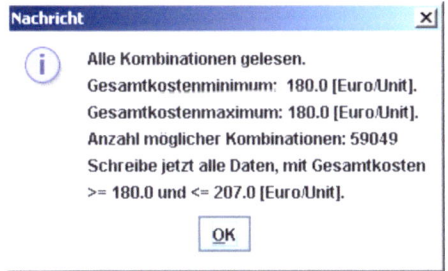

Anhang E.4: Überblick über das Ergebnis

Nachfolgend werden alle möglichen Kombinationen von Verbundszenarien gebildet und die anfallenden Logistikkosten für jedes Modul (Beispiel: Modul 6 von Hamburg nach Bern (Nachfolgemodul)) einzeln abgefragt. Die Logistikkosten müssen eingetragen werden, um das Endergebnis zu erhalten. Das Ergebnis zeigt Anhang E.4.

Als nächstes muss der Speicherplatz festgelegt werden, der die Ergebnislisten enthalten soll. Die Daten sind jetzt in einer Tabelle gespeichert, die für jedes globale Produktionsverbundszenario die Herstellkosten, die Logistikkosten und die Gesamtkosten enthält.

8. Glossar

Balanced Scorecard

Die Balanced Scorecard ist ein Konzept zur Messung der Aktivitäten eines Unternehmens. Das Konzept zielt auf die Vision und Geschäftsstrategie, um Führungskräften einen vollständigen Überblick der Leistungsfähigkeit, Effizienz und Effektivität eines Unternehmens zu ermöglichen. Die strategischen Ziele werden in die vier Perspektiven Finanzen, Kunden, Prozesse und Wachstum unterteilt [Ali05].

Cost-center oder Profit-center

Gängige Organisationsform kleiner Unternehmensteile, die Eigenfinanzierung sicherstellen müssen. Sie operieren selbstständig mit einer eigenen Budget- und Ergebnisverantwortlichkeit [Lay01].

Local Content

Local Content sind Bedingungen, die vor allen Dingen Schwellenländer erheben. Es ist eine staatliche Reglementierung, die Unternehmen, die in einem solchen Land produzieren möchten, dazu bringt, einen bestimmten Teil der Wertschöpfung im gewünschten Produktionsland zu vollführen. Das ist ein nicht zu vernachlässigendes Kriterium für eine geeignete Standortentscheidung [Bul02].

Make or Buy

Bei der „Make or Buy"- Entscheidung geht es um die Entscheidung über die vertikale Produktions- und Leistungstiefe eines Unternehmens. Dabei gilt zu entscheiden, ob es zweckmäßiger ist, Güter und Leistungen vom Markt zu beschaffen oder im Unternehmen selbst zu erstellen [Esc95].

Quality Function Deployment (QFD)

Quality Function Deployment ist eine Kernmethode der Neuproduktplanung im kunden- und marktorientierten Bereich. Dabei handelt sich um ein matrizenbasiertes System, das es ermöglicht, Kunden- und Marktanforderungen an das Produkt, die Komponenten, die Prozessschritte bis hinzu den Produktionsmitteln abzuleiten [Stu02].

Supply Chain Management (SCM)

Kerninhalt des SCM ist die ganzheitliche Optimierung von Material- und Informationsflüssen entlang der gesamten Wertschöpfungskette. Optimierungsansätze, die sich nur auf einen Standort oder ein Unternehmen konzentrieren, sind nicht ausreichend. In einer ganzheitlichen Sichtweise der Prozesskette einer Wertschöpfung müssen zusätzlich zu allen Standorten des Unternehmens dessen Kunden, Großhändler, Rohstoff- und Teilelieferanten genau betrachtet und integriert werden [Aff02].

Schlanke Produktion

"Schlanke Produktion" ist die Übersetzung des Begriffs lean production. *Womack* , *Jones* und *Roos* verstehen darunter laut MIT-Studie, die bei japanischen Automobil-herstellern vorgefundene Produktionsorganisation [Wom03]. Schlanke Produktion basiert auf kleinen Losgrößen und hat zum Ziel, Rüstzeiten zu verringern, um kürzere Produktionsläufe rentabel zu machen. Kanban ist eine typische Methode der schlanken Produktion [Hai06].

Simultaneous Engineering (SE)

Simultaneos Engineering als integrierende Vorgehensweise ist die zielgerichtete und interdisziplinäre Zusammen- und Parallelarbeit von Produktentwicklung, den Fertigungsabteilungen und des Vertriebs. Unterstützt wird das Vorgehen durch ein straffes Projektmanagement unter Beachtung des gesamten Produktlebenslaufes [Ehr03].

Standortdiversifikation

Mit dem Begriff wird die Vielfalt von Standorten beschrieben. Als Strukturtyp betrachtet bildet die Standortdiversifikation die zwingende Voraussetzung für Unternehmen, eine internationale Verbundproduktion umsetzen zu können. Insofern findet bei der Standortdiversifikation sowohl eine Mengen- wie auch eine Artteilung statt [Ihd91].

Total landed costs

Als „total landed costs" wird die Summe aus den Herstellkosten und den transaktionalen Kosten für die gesamte produktive Wertschöpfungskette bezeichnet

[Abe06]. Die Bedeutung des Begriffs transaktionale Kosten kann dem nachstehenden Glossarpunkt entnommen werden.

Transaktionale Kosten

Kosten beziehungsweise Aufwendungen, die durch den Austausch von Gütern verursacht werden. Im Hinblick auf Produktionsverbünde sind es im besonderen Maße Transportkosten, Zölle sowie Aufwände für Transportversicherungen. Die Kapitalbindung durch den Transport wird genauso wie der Wertverlust der Ware durch die Transportzeit ebenfalls zu den transaktionalen Kosten gezählt [Abe06].

Bereits veröffentlicht wurden in der Schriftenreihe des Instituts für Angewandte Informatik / Automatisierungstechnik bei KIT Scientific Publishing:

Nr. 1: BECK, S.: Ein Konzept zur automatischen Lösung von Entscheidungsproblemen bei Unsicherheit mittels der Theorie der unscharfen Mengen und der Evidenztheorie, 2005

Nr. 2: MARTIN, J.: Ein Beitrag zur Integration von Sensoren in eine anthropomorphe künstliche Hand mit flexiblen Fluidaktoren, 2004

Nr. 3: TRAICHEL, A.: Neue Verfahren zur Modellierung nichtlinearer thermodynamischer Prozesse in einem Druckbehälter mit siedendem Wasser-Dampf Gemisch bei negativen Drucktransienten, 2005

Nr. 4: LOOSE, T.: Konzept für eine modellgestützte Diagnostik mittels Data Mining am Beispiel der Bewegungsanalyse, 2004

Nr. 5: MATTHES, J.: Eine neue Methode zur Quellenlokalisierung auf der Basis räumlich verteilter, punktweiser Konzentrationsmessungen, 2004

Nr. 6: MIKUT, R.; REISCHL, M.: Proceedings – 14. Workshop Fuzzy-Systeme und Computational Intelligence: Dortmund, 10. - 12. November 2004, 2004

Nr. 7: ZIPSER, S.: Beitrag zur modellbasierten Regelung von Verbrennungsprozessen, 2004

Nr. 8: STADLER, A.: Ein Beitrag zur Ableitung regelbasierter Modelle aus Zeitreihen, 2005

Nr. 9: MIKUT, R.; REISCHL, M.: Proceedings – 15. Workshop Computational Intelligence: Dortmund, 16. - 18. November 2005, 2005

Nr. 10: BÄR, M.: µFEMOS – Mikro-Fertigungstechniken für hybride mikrooptische Sensoren, 2005

Nr. 11: SCHAUDEL, F.: Entropie- und Störungssensitivität als neues Kriterium zum Vergleich verschiedener Entscheidungskalküle, 2006

Nr. 12: SCHABLOWSKI-TRAUTMANN, M.: Konzept zur Analyse der Lokomotion auf dem Laufband bei inkompletter Querschnittlähmung mit Verfahren der nichtlinearen Dynamik, 2006

Nr. 13: REISCHL, M.: Ein Verfahren zum automatischen Entwurf von Mensch-Maschine-Schnittstellen am Beispiel myoelektrischer Handprothesen, 2006

Nr. 14: KOKER, T.: Konzeption und Realisierung einer neuen Prozesskette zur Integration von Kohlenstoff-Nanoröhren über Handhabung in technische Anwendungen, 2007

Nr. 15: MIKUT, R.; REISCHL, M.: Proceedings – 16. Workshop Computational Intelligence: Dortmund, 29. November - 1. Dezember 2006

Nr. 16: LI, S.: Entwicklung eines Verfahrens zur Automatisierung der CAD/CAM-Kette in der Einzelfertigung am Beispiel von Mauerwerksteinen, 2007

Nr. 17: BERGEMANN, M.: Neues mechatronisches System für die Wiederherstellung der Akkommodationsfähigkeit des menschlichen Auges, 2007

Nr. 18: HEINTZ, R.: Neues Verfahren zur invarianten Objekterkennung und -lokalisierung auf der Basis lokaler Merkmale, 2007

Nr. 19: RUCHTER, M.: A New Concept for Mobile Environmental Education, 2007

Nr. 20: MIKUT, R.; REISCHL, M.: Proceedings – 17. Workshop Computational Intelligence: Dortmund, 5. - 7. Dezember 2007

Nr. 21: LEHMANN, A.: Neues Konzept zur Planung, Ausführung und Überwachung von Roboteraufgaben mit hierarchischen Petri-Netzen, 2008

Nr. 22: MIKUT, R.: Data Mining in der Medizin und Medizintechnik, 2008

Nr. 23: KLINK, S.: Neues System zur Erfassung des Akkommodationsbedarfs im menschlichen Auge, 2008

Nr. 24: MIKUT, R.; REISCHL, M.: Proceedings – 18. Workshop Computational Intelligence: Dortmund, 3. - 5. Dezember 2008

Nr. 25: WANG, L.: Virtual environments for grid computing, 2009

Nr. 26: BURMEISTER, O.: Entwicklung von Klassifikatoren zur Analyse und Interpretation zeitvarianter Signale und deren Anwendung auf Biosignale, 2009

Nr. 27: DICKERHOF, M.: Ein neues Konzept für das bedarfsgerechte Informations- und Wissensmanagement in Unternehmenskooperationen der Multimaterial-Mikrosystemtechnik, 2009

Nr. 28: MACK, G.: Eine neue Methodik zur modellbasierten Bestimmung dynamischer Betriebslasten im mechatronischen Fahrwerkentwicklungsprozess, 2009

Nr. 29: HOFFMANN, F.; HÜLLERMEIER, E.: Proceedings – 19. Workshop Computational Intelligence: Dortmund, 2. - 4. Dezember 2009

Die Schriften sind als PDF frei verfügbar, eine Nachbestellung der Printversion ist möglich. Nähere Informationen unter www.uvka.de.